Una Hija del Rey

Ganando Confianza

Como Hija de Dios

Tracy Hill

© 2024 Tracy Hill

Todos los derechos reservados. Salvo lo dispuesto por la Ley de Derechos de Autor, ninguna parte de esta publicación puede ser reproducida, almacenada en un sistema de recuperación o transmitida de ninguna forma o por ningún medio excepto cuando se autorice por escrito por la Editorial.

Fotografías de portada copyright © Tracy Hill 2016. Todos los derechos reservados.

A menos que se indique lo contrario, todas las citas bíblicas se han tomado de La Santa Biblia, Nueva Versión Internacional®, NVI®. Copyright ©1999, 2015, 2022 por Biblica, Inc. ® Usado con permiso de Zondervan. Reservados todos los derechos en todo el mundo. www.zondervan.com, la "NVI" y la "Nueva Versión Internacional" son marcas registradas en la Oficina de Patentes y Marcas de los Estados Unidos por Biblica, Inc. ®

La Santa Biblia, Nueva Versión Internacional® NVI® Copyright © 1999, 2015, 2022 by Biblica, Inc.® Usada con permiso. Reservados todos los derechos en todo el mundo.

ISBN: 978-0-9976913-9-9

Dedicatoria

Dedicado a las preciosas mujeres de Teen Challenge,

a mis queridas amigas del Club 31, y a cada mujer que necesita

el mensaje de seguridad que se encuentra como una hija de Dios.

Contenido

Motivación 1

Introducción 2

Capítulo 1   Eres Amada 4

Capítulo 2   Eres Perdonada y Renovada 18

Capítulo 3   Tú Perteneces 34

Capítulo 4   Tú Importas 48

Capítulo 5   Eres Hermosa 62

Capítulo 6   Tienes Propósito 72

Capítulo 7   Eres Fuerte 86

Capítulo 8   Eres Realeza 104

Es Hora de Volar 122

Guía para Líderes 123

Agradecimiento Especial 126

Acerca de la Autora 127

Inspiración Adicional 128

Endosos 129

Mi Motivación para Ti

Te animo a que te acerques a este estudio totalmente rendida a lo que Dios quiere hacer en tu vida. Preséntate ante el Señor, pidiéndole que revele Su Verdad a tu corazón por el poder del Espíritu Santo. Ven con un corazón abierto, realmente buscando escuchar al Señor, lista para ser transformada por Él. Oro para que estas no sean solo palabras en una página, sino que cobren vida y despierten algo profundo dentro de ti. Prepárate para dejar ir los pensamientos anteriores que tienes sobre ti misma.

Solo Dios puede cambiar verdaderamente tu vida, pero debes rendirte a lo que Él quiere hacer y creer lo que Él dice sobre ti.

Introducción

¿Soy amada? ¿Puedo superar mi pasado? ¿Pertenezco? ¿Importo? ¿Soy hermosa? ¿Tiene propósito mi vida? ¿Soy lo suficientemente fuerte para superar esta situación? Estas son las preguntas que causan estragos en nuestras mentes. Es sumamente importante que sepamos sin lugar a dudas que la Palabra de Dios responde a cada una de estas preguntas con un fuerte y enfático SÍ!

Desafortunadamente, a menudo permitimos que nos agobie la pesada carga de la inseguridad. Algunas de nosotras llevamos esta carga todo el tiempo, mientras que otras la recogemos y cargamos de vez en cuando. Otras más, en cambio, llevamos la ilusión de confianza, una confianza que se basa en nosotras mismas, en los demás, en nuestros logros o en nuestras posesiones: cosas que finalmente nos defraudarán. La verdadera confianza surge cuando nos damos cuenta de quiénes somos en Cristo. Dios desea desesperadamente que sepas que eres amada, que eres perdonada, que perteneces, que si importas, que eres hermosa, que tienes propósito y que eres fuerte. El deseo de Dios es que descubras lo que significa ser verdaderamente segura como Su amada hija, disfrutando de las ricas bendiciones de tu verdadera identidad, que se encuentran en Jesucristo. El enemigo quiere que creas lo contrario, así que vas a aprender a combatir las mentiras de la inseguridad con la sólida verdad. Estás destinada a vivir con confianza y victoria como Hija del Rey. Eres realeza.

Efesios 3:16-17, " Le pido que, por medio del Espíritu y con el poder que procede de sus gloriosas riquezas, los fortalezca a ustedes en lo íntimo de su ser, ¹⁷ para que por fe Cristo habite en sus corazones".

He conocido a suficientes mujeres—y hombres, para el caso—como para saber que no soy la única que ha luchado con la inseguridad en algún momento de la vida. Lo más probable es que esta también sea tu lucha. Mi esperanza es que, a través de este estudio, ganes una nueva confianza que proviene de tu identidad como hija de Dios. A medida que mires a la Biblia y comiences a creer en ella como tú fundamento de verdad, los pensamientos en tu mente cambiarán para llenarse de esperanza, paz, amor, gozo y confianza; una confianza que te haga pararte un poco más enderezada, mantener la cabeza un poco más en alto, caminar con un nuevo resorte en tu paso y enfrentar la vida de frente con el conocimiento de tu verdadera identidad.

Siempre he soñado con traducir este estudio al español. ¡Mi sueño se ha hecho realidad! Espero y oro para que muchas más mujeres sean alcanzadas con este mensaje de confianza que se encuentra en el Señor. Estoy agradecida de que todas mis hermanas en Cristo se unan a mí en esta aventura.

Para ayudar a reforzar los mensajes en nuestro estudio, he creado una serie de videos cortos y podcasts para concluir cada capítulo. Comienza viendo el video de introducción o escuchando el podcast, y luego sigue cada lección con la sesión correspondiente. Todas las enseñanzas se pueden encontrar en mi sitio **YouTube Channel: https://www.youtube.com/@beblessedandinspiredwithtracy/playlists.** También es una manera fácil de compartir el mensaje de *"Una Hija del Rey"* con otras personas. **QR códigos en la página 127.**

"Sácianos de tu gran amor

por la mañana,

y toda nuestra vida

cantaremos de alegría".

Salmos 90:14

CAPÍTULO UNO

Eres Amada

El amor es la base básica y esencial sobre la cual se construye toda nuestra confianza y seguridad. No importa cuántos años tengamos, cuántas arrugas o canas tengamos, ni cuán duras actuemos, en lo profundo de nuestros corazones siempre habrá una niña joven y vulnerable que anhela ser amada y apreciada.

Desde el momento en que nacemos, el anhelo más profundo de nuestro corazón es ser amadas. El amor es lo que nos mantiene vivas; nos llena de esperanza y nos mantiene en marcha. Claro, el aire, la comida y el agua son vitales para nuestra supervivencia, pero, si estamos solas sin amor y conexión íntima, no lograremos prosperar plenamente en la vida. El solo hecho de saber que somos amadas marca toda la diferencia del mundo. Tengo un maravilloso mensaje para ti: ¡hay Alguien que te ama más de lo que podrías imaginar! Estás en Su corazón y mente las 24 horas del día, los 7 días de la semana. Él quiere tener una relación personal contigo, ser Aquel en quien pienses, Aquel a quien acudas, Aquel que te llene de alegría, esperanza y confianza. Él quiere recorrer la vida contigo. Dios es el quien te ama tanto.

Jeremías 31:3, "Con amor eterno te he amado; por eso te he prolongado mi fidelidad".

Hay un espacio en tu corazón que solo Dios puede llenar, un vacío y una soledad que solo Él puede satisfacer. Ven a Él y encuentra el amor que tu corazón anhela.

Deuteronomio 4:29, "Pero si desde allí buscan al SEÑOR su Dios con todo su corazón y con toda su alma, lo encontrarán".

Desde el principio de los tiempos has capturado el corazón de Jesús, y Él se ha propuesto capturar el tuyo. Piensa que eres tan encantadora que Él dio Su vida para tenerte como Suya. Ningún detalle de tu preciosa vida está oculto para Él. Jesús quiere ayudarte a dejar atrás el pasado y vivir plenamente en el presente con Él. Conocer a Jesús como Señor y Salvador y creer en Sus Promesas para ti abre la puerta de par en par para que la plenitud y la sanación entren. Su amor tiene el poder de cambiarte desde adentro hacia afuera. Conocer y experimentar Su amor personalmente llenará tu corazón con una nueva confianza.

Cita divina

Ven conmigo y conoce a la mujer samaritana en el pozo.

1. Por favor, lee **Juan 4:1-26** y responde a las siguientes preguntas.

a. Anota tus observaciones sobre este encuentro. Hay muchas lecciones bíblicas que podríamos extraer de esta historia, pero para nuestros propósitos aquí nos enfocaremos en la mujer.

b. ¿Crees que Jesús sabía que iba a encontrarse con la mujer en el pozo? ¿Por qué?

c. ¿Por qué crees que la mujer vino a sacar agua del pozo a la sexta hora (mediodía, la hora más calurosa del día; la mayoría de las otras mujeres venían temprano en la mañana o en el fresco de la tarde)?

d. La mujer en esta historia era samaritana. Jesús era judío. En aquel día, los judíos no se asociaban con los samaritanos, ya que eran una raza mixta y vistos como pecadores impuros. La mayoría de los judíos de la época tomaban el camino largo solo para evitar viajar por la región de Samaria. Sin embargo, Jesús, el Salvador perfecto y sin pecado, tomó la ruta directa que todos los demás evitaban en Su viaje solo para encontrarse con esta mujer especial. ¿La mujer parece sorprendida de que Jesús le hable? ¿Qué crees que pasaba por su mente?

e. ¿Cómo describe Jesús el agua que tiene para ofrecerle? Véanse los **versículos 4:10, 13-14**.

f. Describe la vida amorosa de la mujer.

g. ¿Parece estar tratando de llenar un vacío en su vida? Si es así, ¿cómo?

h. ¿Cuál es su reacción cuando Jesús menciona su situación de vida pasada y presente?

Jesús comienza la conversación pidiéndole a la mujer un poco de agua. Ella se sorprende de que Jesús siquiera le hable, ya que es una samaritana, una mujer, y una marginada incluso entre su propio pueblo. Pero el amor de Jesús trasciende todas las barreras. Sus debilidades, sus pecados y su pasado no podían impedir que Él la buscara.

Jesús conocía el dolor de esta mujer; Él conocía cada detalle de su vida. Todo estaba al descubierto ante Él. A través de su conversación, aprendemos que la mujer, por alguna razón, había estado casada cinco veces y actualmente vivía con su novio. Podría haber estado tratando de llenar el vacío en su corazón con estas diversas relaciones, pero ninguna satisfaría completamente sus necesidades ni la haría sentir completa. Jesús vino a ofrecerle la única cosa que satisfaría plenamente la sed y el anhelo de su corazón: Él mismo, el Agua Viva. Finalmente, ella podría dejar de buscar algo o alguien más para llenarla.

Notamos que cuando Jesús menciona su situación, ella rápidamente intenta cambiar de tema. Al igual que la mujer, no nos gusta mirar nuestros pecados o reconocer nuestras debilidades. Parece mucho más fácil mantenerlas ocultas y tratar de olvidarlas. Las mantenemos reprimidas, temiendo la vergüenza que sentiremos si son expuestas. Sin embargo, Jesús tiene un mejor plan. Él quiere sacar todo a la luz para que pueda ser tratado abiertamente.

Jesús no mencionó su pasado para avergonzarla, lo expuso para poder sanarla. Jesús la hizo enfrentarse a la realidad de su vida para que pudiera ser tratada, para que ella pudiera ser libre de avanzar con Él, capaz de recibir Su Agua Viva que burbujearía y refrescaría continuamente su alma.

i. ¿Cómo fue transformada su vida después de su encuentro con Jesús? Ver **versículos 4:27-29**.

j. Lee los **versículos 4:39-42**. ¿Cómo fueron impactadas las vidas de otros como resultado de su encuentro con Jesús?

Esta mujer comenzó una nueva vida al encontrarse con Jesús ese día. Su vergüenza se desvaneció. Las mismas personas que antes evitaba, ahora corría hacia ellas para compartir la esperanza y el mensaje de la redención de Jesús. Ella quería que todos conocieran al Mesías. El amor, la aceptación, la esperanza, la alegría y el poder transformador de la vida de Jesús la cambiaron radicalmente. Ella adquirió una confianza que nunca antes había tenido. Estaba tan emocionada con Jesús que quería que todos los demás lo conocieran. Su testimonio tuvo un impacto asombroso en todos los que lo escucharon.

Jesús nos dijo que estuviéramos preparados para dar una respuesta por la esperanza que tenemos en Él. Nuestros testimonios tienen un gran impacto. A medida que otros ven el cambio milagroso en nosotros, también quieren conocer a Jesús. Estoy segura de que muchas personas se sentirán enormemente alentadas al compartir cómo Dios ha transformado tu vida. A medida que llegamos a conocer el amor que Dios tiene para nosotros, nuestra confianza crece abundantemente, equipándonos para testificar con orgullo de Su poder y amor, que están disponibles para todos.

Reflexión Personal

La geografía y las carreteras no hicieron que Jesús tomara esta ruta evitable. El amor lo hizo. Él tenía una cita divina con un alma necesitada, una mujer herida que necesitaba Su amor, sanación y redención. Al igual que la mujer en el pozo, Jesús vino intencionalmente por ti y por mí. Él conoce cada detalle de nuestras vidas y nos ama profundamente a pesar de ello. Nuestro pasado y presente no lo mantienen alejado; Él vino a darnos un futuro.

2. Por favor, ponte en el lugar de la mujer en la historia. Imagínate teniendo este encuentro con Jesús y responde a las siguientes preguntas.

    a. ¿Cómo se siente saber que Jesús se desvió de su camino para encontrarte donde estabas/estás?

    b. El amor de Dios no se gana; no se basa en el mérito. El amor de Dios es incondicional; es la única certeza en la que puedes confiar en la vida. ¿Te das cuenta de que Jesús conoce cada detalle de tu vida y te ama de todos modos? ¿Qué emoción viene a tu mente al descubrir esta verdad: sorpresa, vergüenza, miedo, alivio, alegría, esperanza, paz, gratitud, etc.?

    c. ¿Cuáles son algunas formas en las que intentas llenar el vacío en tu corazón? ¿O formas en que las personas en general intentan llenar su vacío?

d. ¿Cómo ha sido transformada tu vida por tu encuentro con Jesús? Si aún no has encontrado a Jesús, ¿te gustaría conocerlo y experimentar Su amor incondicional?

Jesús sabe cómo duele y anhela tu corazón ser amado. Él conoce todas las formas en que has intentado llenar tu corazón y aún has quedado insatisfecha. Él sabe que las profundidades de tu corazón y alma solo pueden ser satisfechas con la altura de Su amor.

Salmo 42:1, "Como ciervo jadeante que busca las corrientes de agua, así te busca, oh Dios, todo mi ser".

A menudo pasamos por alto que nuestras almas están sedientas, por lo que tratamos de llenarnos con soluciones temporales. Como dice la vieja canción country, estamos "buscando amor en todos los lugares equivocados." Buscamos diferentes relaciones y roles para llenarnos; buscamos en ellos nuestra identidad, seguridad y sentido de valor. A veces recurrimos a pastillas, drogas o alcohol como escape, pero eso solo lleva a más soledad y aislamiento. Otras veces pensamos que podemos ganar amor y aceptación a través del trabajo duro y siendo una buena chica. Sabes, tristemente, es posible ser cristiana y aún estar buscando amor, aceptación y completitud aparte de Cristo; sabemos que nuestra salvación viene de Jesús, pero no hemos comprendido el amor que Él tiene por nosotras. El amor es la razón por la que Él vino a traernos salvación en primer lugar.

Debemos rendir nuestros corazones a Él, para ser llenas con Su amor. Nadie más puede satisfacer todas nuestras necesidades, y nadie más fue destinado a hacerlo. Cada persona en este planeta viene con su propio equipaje personal; todos somos personas defectuosas e imperfectas. Solo Jesús, Dios en la carne, es perfecto, y solo Él puede llenarnos perfectamente. Es hora de creer en Jesús para nuestra salvación y creer en Él para todo lo demás... Él es lo suficientemente grande para llenar nuestro vacío completamente. Como la mujer en el pozo, todas nuestras necesidades se satisfacen solo en Él. Él nos ama incondicionalmente; Él sabe cómo estamos hechas y lo que necesitamos. Estamos hechas para ser llenas primero con el amor de Dios, y luego somos capaces de disfrutar otras relaciones por lo que tienen para ofrecer, quitando la presión de ellas para ser nuestro "todo." Jesús es nuestro "todo." Todas las demás relaciones son la cereza del pastel. Jesús vino a llenarnos con Su amor para que ya no necesitemos buscar ser llenas por nada ni nadie más. Él es el Agua Viva. Así como nuestros cuerpos tienen sed de agua, nuestras almas tienen sed de Dios.

Salmo 63:1-8, "Oh Dios, tú eres mi Dios; yo te busco intensamente. Mi alma tiene sed de ti; todo mi ser te anhela, cual tierra seca, sedienta y sin agua. ² Te he visto en el santuario y he contemplado tu poder y tu gloria. ³ Tu gran amor es mejor que la vida; por eso mis labios te alabarán. ⁴ Te bendeciré mientras viva y alzando mis manos te invocaré. ⁵ Mi alma quedará satisfecha como de un suculento banquete, y con labios jubilosos te alabará mi boca. ⁶ En mi lecho me acuerdo de ti; pienso en ti en las vigilias de la noche. ⁷ A la sombra de tus alas canto de alegría, porque tú eres mi ayuda. ⁸ Mi alma se aferra a ti; tu mano derecha me sostiene".

3. En el **Salmo 63:1-8**, ¿qué imágenes utiliza el salmista para describir nuestro deseo por Dios?

4. Imagina tener sed/hambre: ¿cómo te sientes cuando tu apetito anhela algo específico para llenarte? ¿Cómo te sientes cuando ese antojo es satisfecho?

5. Escribe tus reflexiones personales sobre el **Salmo 63:1-8** aquí:

6. Si aún no tienes sed de Jesús, toma tiempo ahora para orar y pedirle al Señor que te haga tener sed de Él. ¡Él satisface completamente!

El Regalo del Amor de Dios

He recibido algunos regalos maravillosos en mi vida. Algunos grandes, otros pequeños, algunos comprados en tiendas, otros hechos a mano, algunos sentimentales, otros prácticos. Lo que realmente hace que un regalo sea especial es el pensamiento detrás de él, saber que alguien estaba pensando específicamente en ti.

Una Navidad hace años, cuando todavía era adolescente, un ser querido me dio un regalo que todavía tengo. Es una pequeña caja de herramientas de plástico transparente con un asa verde y un cierre verde que se cierra con un chasquido, manteniendo el contenido seguro en su interior. Contiene destornilladores de todos los tamaños, incluso los más pequeñitos para apretar gafas, tiene un martillo, una cinta métrica, un nivel, grapas, chinchetas y una grapadora. Parece que todas las herramientas imaginables están metidas ordenadamente dentro de esta pequeña caja de herramientas. Hasta el día de hoy estoy preparada para cualquier trabajo que se presente. ¿Quién habría adivinado que todos estos años después, todavía estaría usando este regalo, un regalo que mi ser querido pensó que sería útil?

7. ¿Hay algún regalo especial que alguien te haya dado una vez que te venga a la mente? Descríbelo.

8. ¿Conoces a alguien que parece tener una gran habilidad para dar buenos regalos? Si es así, ¿quién?

Hay un Regalo que es perfecto en todos los sentidos, ¡y es dado por el mejor dador de regalos de todos, Dios mismo!

Como creyentes, tenemos la oportunidad de reflexionar sobre el amor que Dios nos tiene todos los días. Pero cada año, cuando se acerca la Navidad, vemos celebraciones de Su amor en todas partes. La temporada nos inspira a dar regalos para mostrar nuestro amor a los demás. Pero Dios fue el primero en dar un regalo de Navidad. (Puedes encontrar la historia del primer regalo de Navidad en Lucas 2, mi capítulo favorito de la Biblia).

2 Corintios 9:15, "¡Gracias a Dios por su don indescriptible!"

9. Por favor, lee **Juan 3:16** y responde las siguientes preguntas.

a. ¿Qué regalo dio Dios?

b. ¿Cuál fue la motivación para el regalo de Dios (por qué lo dio)?

Hebreos 12:2, "Fijemos la mirada en Jesús, el iniciador y perfeccionador de nuestra fe, quien por el gozo que le esperaba, soportó la cruz, menospreciando la vergüenza que ella significaba, y ahora está sentado a la derecha del trono de Dios".

10. Según **Hebreos 12:2**, ¿qué/qué crees que representa el "gozo"?

¡La motivación para el regalo de Dios fue el amor! Dios puso mucho pensamiento en el regalo que te dio. Impulsado por el amor, Dios vino a salvar a todo el mundo. Su amor también es personal e íntimo, vino a salvarte a ti. Dios desea tener una relación contigo tanto que dio a Su Hijo, Jesucristo, para morir en tu lugar en la cruz. Dios lo entregó todo, solo para tenerte a ti para Él mismo. La misión de Jesús era redimirte y restaurarte. TÚ eres el gozo que estaba delante de Jesús mientras iba a la cruz. ¡Tú estabas en Su mente!

La idea de la eternidad contigo trae gran alegría a Jesús, y eso es lo que le ayudó a soportar la agonía de la cruz.

11. ¿Qué emociones y pensamientos vienen a tu mente al reflexionar sobre el Regalo invaluable que Dios te ha dado y para ti?

12. Busca los siguientes versículos y anota las bendiciones que acompañan el regalo de Dios.

- **Romanos 6:23**

- **Lucas 11:13**

- **Efesios 1:17-18**

- **Romanos 11:29**

Dios nos ofrece el regalo invaluable de Su Hijo Jesús; porque nos ama inmensamente y quiere pasar toda la eternidad con nosotras. Al igual que la persona que me dio mi pequeña caja de herramientas, Él también quiere que tengamos las herramientas para lo que sea que venga en la vida aquí en la tierra. Envuelto en Jesús, tenemos todo lo que siempre necesitaremos: la salvación a través de Su muerte en la cruz, la promesa de la vida eterna con nuestro Padre Celestial a través de Su resurrección, Su Espíritu Santo morando en nosotras—para acompañarnos y guiarnos cada día; también tenemos Su gozo y paz para inundar nuestros corazones con Su perspectiva celestial, y Su amor y esperanza para llevarnos adelante hasta que lo veamos cara a cara.

Salmo 36:5, "Tu amor, SEÑOR, llega hasta los cielos; tu fidelidad alcanza las nubes".

La Carta de Amor de Dios

En esta era de mensajes de texto y correos electrónicos, me encanta la sorpresa de abrir el buzón para encontrar una tarjeta o carta escrita a mano a la antigua usanza, y obviamente no soy la única. Las tarjetas de felicitación siguen siendo una forma muy popular de hacer saber a los demás que están en nuestros pensamientos; llevan palabras de aliento, de celebración y felicitación, de simpatía y condolencias. Las tarjetas de felicitación son vehículos escritos de nuestro amor hacia los demás. Algunas personas guardan y atesoran las tarjetas que reciben—considerándolas como tesoros para guardar en una caja para tiempos futuros, para releer y reflexionar. Otra expresión escrita de amor se puede compartir en una carta o una simple nota. Cuando era más joven, mi novio—ahora esposo—me entregaba cartas de amor y dibujos que había escrito y dibujado mientras se suponía que debía estar prestando atención a sus clases universitarias. Incluso hoy, de vez en cuando me deja una nota, a menudo con un dibujo tonto. Estos siguen siendo pequeños recordatorios de su amor por mí.

Dios ha escrito una carta declarando Su amor por nosotras. Se llama la Biblia. Las páginas de la Biblia, desde Génesis hasta Apocalipsis, están llenas de la historia del amor de Dios, y las grandes longitudes a las que continuamente va solo para capturar nuestros corazones. Las promesas que acompañan Su amor infinito también se encuentran dentro de las cubiertas de este Libro Sagrado. La carta de amor de Dios ha perdurado a través de los siglos y está destinada a ser leída diariamente como un recordatorio de Su amor por nosotras.

Amo absolutamente las Escrituras. Son mi fundamento para la Verdad en este mundo loco. Cada vez que lucho con dudas o desalientos, o me olvido de quién soy en Cristo Jesús y todas las bendiciones que vienen junto con mi relación con Él, vuelvo a las Escrituras para recordarme la verdad. La Biblia ayuda a mantener mi vida en el buen camino. Te animo a leer Su carta de amor a menudo por ti misma.

13. Por favor, busca los siguientes versículos y anota algunas de las descripciones del amor de Dios que se encuentran en las Escrituras (la carta de amor de Dios).

- **Salmo 5:7**

- **Salmo 5:12**

- **Salmo 94:18**

- **Salmo 23:6**

- **Deuteronomio 31:6-8**

Conocer a Dios, Conocer el Amor

Crecí sabiendo que Dios me amaba, y recibí a Jesús como mi Salvador cuando tenía 12 años. Pero tenía 30 años el día en que sentí verdaderamente Su amor sobre mí. Estaba sola en la iglesia esa mañana, de pie en el área del balcón. Había un hombre en el escenario, tocando el piano y cantando una canción sobre el amor de Dios por nosotras. Mientras estaba allí cantando, sentí que el Espíritu Santo me envolvía, y una inundación del amor de Dios me abrumaba. Empecé a sollozar en silencio, con lágrimas corriendo por mis mejillas mientras inclinaba la cabeza. Intenté evitar que mi cuerpo temblara porque estaba llorando tanto. El amor de Dios penetró completamente en mi corazón esa mañana. El amor de Dios ha cambiado mi vida como nada más podría hacerlo.

Hay una canción de amor que mi abuela me enseñó de niña, una canción de amor que me trae alegría y consuelo, y estoy segura de que muchas de ustedes también la conocen. Es una canción simple pero profunda, y el versículo es uno que debería sonar constantemente en nuestras mentes. **"Cristo me ama, bien lo sé; Su Palabra me hace ver."** Si la Biblia lo dice, debe ser verdad.

Romanos 8:39, "Ni lo alto ni lo profundo, ni cosa alguna en toda la creación podrá apartarnos del amor que Dios nos ha manifestado en Cristo Jesús nuestro Señor".

¡Nada puede separarte jamás del amor de Dios! ¡Nada, nunca!

14. ¿Alguna vez has experimentado un amor tan devoto antes? ¿Cómo te hace sentir este compromiso eterno de amor?

Efesios 3:17-19, "Y pido que, arraigados y cimentados en amor, ¹⁸ puedan comprender, junto con todos los creyentes, cuán ancho y largo, alto y profundo es el amor de Cristo. ¹⁹ En fin, que conozcan ese amor que sobrepasa nuestro conocimiento, para que sean llenos de la plenitud de Dios".

Mientras que el estudio bíblico es una parte esencial de nuestro caminar cristiano, algunas personas lo abordan con el propósito de adquirir y retener conocimiento intelectual de los detalles bíblicos en lugar de buscar conocer a Dios y Su amor de manera más personal. Una vida se transforma cuando el amor de Dios toca un corazón, no cuando una mente se llena con mero conocimiento sobre Él. Su amor supera todo entendimiento humano y va más allá de cualquier cosa que hayamos conocido anteriormente en la tierra. El conocimiento de Su amor es posible a través de la revelación de Su Espíritu directamente a nuestros corazones y mentes.

En realidad, oro esta oración por mis seres queridos y por mí misma porque no hay nada más importante que comprender el enorme amor que Dios tiene por nosotras.

15. Tómate un momento y ora la oración de **Efesios 3:17-19** por ti misma, pidiéndole a Dios que te ayude a comprender Su increíble amor por ti.

1 Juan 4:8, 19, "El que no ama no conoce a Dios, porque Dios es amor... Nosotros amamos porque él nos amó primero".

16. Según **1 Juan 4:8, 19**, ¿de dónde proviene el amor? ¿Cuál es la naturaleza misma de Dios?

1 Corintios 13:4-8, "El amor es paciente, es bondadoso. El amor no es envidioso ni presumido ni orgulloso. ⁵ No se comporta con rudeza, no es egoísta, no se enoja fácilmente, no guarda rencor. ⁶ El amor no se deleita en la maldad, sino que se regocija con la verdad. ⁷ Todo lo disculpa, todo lo cree, todo lo espera, todo lo soporta. ⁸ El amor jamás se extingue".

17. Vuelve a leer **1 Corintios 13:4-8** lentamente y responde las siguientes preguntas.

a. Según las Escrituras, ¿cómo es el verdadero amor?

b. ¿Cuál descripción del amor te llama más la atención?

c. ¿Por cuál atributo del amor anhela más tu corazón?

d. ¿Estás segura de que Dios puede amarte así? Pídele que te ayude a confiar en Su amor.

Otras personas pueden habernos lastimado en el pasado, o incluso estar lastimándonos en el presente. Puede que hayamos confiado nuestro corazón al cuidado de alguien que no era completamente digno de confianza. Puede que hayamos sido traicionadas o maltratadas. Otros pueden haber fallado en amarnos como necesitamos, deseamos y merecemos. A menudo, el amor que experimentamos es muy diferente al amor que describe la Biblia. La Escritura nos dice que "El verdadero amor nunca falla." ¡Ese es un estándar muy alto para alcanzar! Dios es el único que puede amar tan perfectamente. Nosotras debemos intentarlo, con la ayuda del Espíritu Santo, pero solo Dios puede amar verdaderamente de manera tan perfecta. Su amor NUNCA falla; no se rinde con nosotras, nunca lastima, no depende de nuestro desempeño o comportamiento. Su amor es incondicional. Él nunca nos retira Su amor. Si no sentimos Su amor, es porque no estamos prestando atención, o porque nos hemos alejado de Él. ¡Su amor nunca falla!

1 Crónicas 16:34, "Den gracias al SEÑOR porque él es bueno; su gran amor perdura para siempre".

No ganamos Su amor por nuestro comportamiento, pero Su precioso amor nos inspira a vivir una vida que le agrada.

Nuestra Respuesta a Su Amor

18. Por favor, lea los siguientes versículos y registre la respuesta que debemos tener al amor de Dios.

- **Juan 14:15-24**

- **Mateo 22:36-40**

- **1 Juan 2:5-6**

- **Deuteronomio 13:3-4**

- **Deuteronomio 30:6**

- **Deuteronomio 30:20**

- **1 Reyes 8:23**

- **1 Juan 4:7-12**

Un último ejemplo que me gustaría compartir con ustedes sobre la confianza que proviene del amor de Dios se encuentra a lo largo del Evangelio de Juan. Siempre que Juan—el autor—relata una historia, incluye los nombres de todos los involucrados, pero cuando debería incluir su propio nombre, no se llama a sí mismo Juan, sino "el discípulo a quien Jesús amaba." ¡Eso es tener una gran confianza en el amor de su Salvador! Juan escribió las cartas de 1, 2 y 3 Juan, la mayoría de las cuales están dedicadas al tema del amor de Dios.

Cerca del final de su vida, también escribió el libro de Apocalipsis, que habla del regreso de Jesús a la tierra para reunirse con todos Sus amados. Juan tenía confianza, esperanza, valor y gozo porque estaba lleno del amor de Dios. Mi esperanza es que a través de las páginas de las Escrituras, hayas comenzado a verte a ti misma como "la mujer a quien Jesús ama," y que creas con confianza que Su amor es incondicional, irrevocable, interminable y sincero.

Oro para que, al estar llena del amor de Dios y ganar confianza como Su hija, segura en Su amor, que tú—como la mujer en el pozo—ahora salgas y ames valientemente a los demás en el nombre de Jesús, haciéndoles saber de Su asombroso amor por ellos. El amor de Dios nos impulsa a avanzar con confianza; el amor de Dios nos obliga a llegar más allá de nosotras mismas.

La Simple Verdad: ¡Dios te ama!

Una Oración Sencilla: Querido Señor, gracias por amarme con Tu amor perfecto e incondicional. Llena mi corazón con Tu amor vivificante que sacia mi sed para que deje de buscar plenitud fuera de Ti. Ayúdame a confiar plenamente en la seguridad de Tus amorosos brazos. Amén.

"Y pido que, arraigados y cimentados en amor, ¹⁸ puedan comprender, junto con todos los creyentes, cuán ancho y largo, alto y profundo es el amor de Cristo. ¹⁹ En fin, que conozcan ese amor que sobrepasa nuestro conocimiento, para que sean llenos de la plenitud de Dios".

Efesios 3:17-19

Escribe tu propia oración en respuesta al amor inconmensurable que Dios tiene por ti:

CAPÍTULO DOS

Eres Perdonada y Renovada

A lo largo de este capítulo, lo más importante que debes recordar es que: "Por lo tanto, ya no hay ninguna condenación para los que están en Cristo Jesús". Romanos 8:1

Nuestra Necesidad de un Salvador

Desde la caída de Adán y Eva en el Jardín del Edén (Génesis 3), todo ser humano ha estado bajo la maldición del pecado. El pecado es cualquier rebelión contra Dios, cualquier pensamiento o acción contraria al conocimiento, la naturaleza y la autoridad de Dios. Algunos de ustedes conocen demasiado bien la realidad de sus pecados; llevas contigo la vergüenza, el arrepentimiento y la carga como un peso pesado en tu alma, para que conste, Dios quiere quitarte esa carga. Una de ustedes podrían estar pensando: "Estoy bien con Dios porque soy una persona bastante buena, no hago cosas malas y trato de ser amable con los demás". Pero si eres verdaderamente honesta contigo misma, admitirás tu necesidad de un Salvador. Jesús dice que nuestros pecados comienzan en nuestros corazones y mentes y luego se manifiestan a través de nuestras acciones y palabras. Incluso si nuestras acciones no son tan malas, lo que está sucediendo detrás de escena, dentro de nuestras cabezas puede ser bastante feo.

Si tomaras una foto instantánea de tu vida, elige un día, cualquier día que quieras, ¿te sentirías cómoda exponiendo cada pensamiento? ¿Seguirías sintiéndote justo en tu propio esfuerzo? Si soy honesta conmigo misma, definitivamente no lo haría. ¡Necesito ayuda, necesito un Salvador! Algunas mañanas, antes de que mis pies toquen el suelo, necesito ayuda.

Nos conocemos a nosotras mismas mejor que nadie, es decir, a nadie, excepto a nuestro Padre Celestial. Él nos conoce por dentro y por fuera: todas nuestras debilidades, nuestros defectos y faltas, todas las cosas de las que nos arrepentimos y preferiríamos olvidar. Él sabe cosas sobre nosotras que ni siquiera reconocemos sobre nosotras mismos. Él lo sabe todo y nos ama a pesar de ello. Dios nos acepta tal como somos, pero nos ama tanto que se niega a dejarnos así. ¡Él tiene una vida mucho mejor reservada para nosotras!

Lo que a nosotras nos parece sin esperanza lo tiene una gran posibilidad con Dios. Él puede perdonar y perdona todos los pecados imaginables una vez que aceptamos a Jesucristo como nuestro Señor y Salvador: Él hace borrón y cuenta nueva, dándonos una nueva identidad como Su hija. ¡Eso sí que es motivo de celebración!

1. Lee **Romanos 3:22-26** y responde las siguientes preguntas.

Romanos 3:22-26, "Esta justicia de Dios llega, mediante la fe en Jesucristo, a todos los que creen. De hecho, no hay distinción, ²³ pues todos han pecado y están privados de la gloria de Dios, ²⁴ pero por su gracia son justificados gratuitamente mediante la redención que Cristo Jesús efectuó. ²⁵ Dios lo ofreció como un sacrificio para obtener el perdón de pecados, el cual se recibe por la fe en su sangre. Así demostró su justicia, porque a causa de su paciencia, había pasado por alto los pecados pasados. ²⁶ Lo hizo para demostrar en el tiempo presente su justicia. De este modo Dios es justo y, a la vez, el que justifica a los que tienen fe en Jesús".

   a. ¿Quién ha pecado y está destituido de la gloria de Dios?

   b. ¿Cómo se obtiene la justicia, es decir, la aprobación judicial de Dios, para ser considerada justa por el Señor?

   c. ¿Quién es justificado (juzgado, considerado o tratado como justo y digo de salvación) y perdonado libremente? ¿Cómo?

   d. ¿Cuál es la parte de Dios en nuestra salvación?

   e. ¿Cuál es nuestra parte en nuestra salvación?

La Palabra de Dios dice: *"Por cuanto todos pecaron, y están destituidos de la gloria de Dios"*. ¡Espero que hayas notado que no estás sola en tus defectos! Ninguno de nosotros alcanza la gloriosa y santa norma de Dios por nuestra cuenta. Todos necesitamos un Salvador, ¡tú y yo y todos! Las Escrituras dicen que no importa cuáles sean nuestros antecedentes, todos necesitamos a Jesús. Dios vio el pecado que mantiene al mundo entero en esclavitud y proveyó El Camino para liberarnos de sus garras. Debido a Su gran amor por nosotros y por Su asombrosa gracia, Él envió a Su Hijo a morir en la cruz, para tomar el castigo que nuestro pecado merece. Dios nos ha redimido (nos ha liberado, y por la sangre de Jesús nos ha rescatado de las cadenas del pecado). Su sacrificio, dar su vida por la nuestra, nos hace justos con Dios. No somos justificados por nuestro propio esfuerzo o bondad, sino por poner nuestra fe en la gracia que Dios nos ha dado gratuitamente. Jesús pagó el precio de una vez por todas. Mientras colgaba de la cruz, "Al probar Jesús el vinagre, dijo: —Todo se ha cumplido. Luego inclinó la cabeza y entregó el espíritu". Juan 19:30

¡En Jesús tu perdón es un hecho!

Confiesa con Confianza

A pesar de que sabemos que nuestra salvación es segura, a veces todavía podemos encontrar momentos de duda, y sentir que estamos más allá de toda ayuda o esperanza, e incluso estar listas para darnos por vencidas, pero Dios nunca se da por vencido con nosotras. Él tiene un plan para restaurarnos, refrescarnos y traernos nueva vida. Él es quien nos da poder para vencer nuestros pecados y enfrentar con valentía el futuro. Dios redime todas nuestras experiencias de vida: las buenas, las malas, las feas. Dios mira nuestras vidas desordenadas y ve el hermoso potencial en ellas. No hay absolutamente nada en nuestras vidas de lo que Dios no pueda redimirnos o transformar en algo bueno. Con Dios, nada se desperdicia. La toma lo viejo y lo hace nuevo.

Según el Diccionario Webster, la definición de *Redimir* es:
1. Recomprar: para recuperar
2. Librar de lo que aflige o daña: como librar del cautiverio mediante el pago de rescate; Sacar o ayudar a superar algo perjudicial
3. Para liberarse de la culpa o la deuda: CLARO; para librarse de las consecuencias del pecado
4. Cambiar para mejor: REFORMAR, REPARAR, RESTAURAR

¡Esto es exactamente lo que Dios hace con nosotras! Solo necesitamos estar dispuestas a entregarle todo a Él y permitirle obrar Sus poderosos milagros en nuestras vidas.

2. El hermoso proceso de la redención comienza con nuestra entrega de todo a Dios. La confesión es una parte vital de nuestra rendición. Busca los siguientes versículos y escribe lo que aprendas sobre el poder de la confesión.

- **Romanos 10:9-10**

- **1 Juan 1:9**

- **Salmos 32:5**

3. Ahora echemos un vistazo a lo que sucede cuando tratamos de mantener nuestro pecado oculto.
- **Salmo 32:3-4**

- **Salmo 38:18**

- **Proverbios 28:13**

Cuando mantenemos nuestros pecados enterrados en lo más profundo de nosotras, encerrados en nuestro interior como un secreto, somos nos mantenemos cautivas con vergüenza, y también con temor de ser descubiertas. No hay gozo en vivir así, pero se encuentra un gran gozo y libertad cuando lo ponemos todo delante del Señor.

4. Lee el siguiente versículo y fíjate en la bendición que recibimos al compartir nuestras cargas con los demás.
- **Santiago 5:16**

No estamos destinadas a estar solas en este viaje. Cuando nos sinceramos con los demás, como nuestras hermanas en Cristo, y les permitimos orar con nosotras y apoyarnos para liberar nuestro pecado, somos bendecidas con alivio, paz y consuelo a medida que nos ayudan a llevar nuestra carga al Señor.

La confesión trae bendiciones infinitas: la confesión de nuestra necesidad de Jesús trae salvación, y la confesión de nuestro pecado trae perdón y sanidad. Tómate unos momentos para reflexionar sobre tu propia vida. Ora y confiesa tu necesidad de un Salvador y tu creencia en Jesucristo. Luego pídele a Dios que traiga a tu mente cualquier pecado —pensamiento, palabra o acción— del que necesites arrepentirte, y pídele perdón. Dos cosas más por las que te animo a orar: la ayuda y la fuerza de Dios para dejar atrás el pecado, y también Su ayuda para perdonarte a ti misma, esto es de vital importancia en el proceso de curación.

Hebreos 4:14-16, "Por lo tanto, ya que en Jesús, el Hijo de Dios, tenemos un gran sumo sacerdote que ha atravesado los cielos, aferrémonos a la fe que profesamos. ¹⁵ Porque no tenemos un sumo sacerdote incapaz de compadecerse de nuestras debilidades, sino uno que ha sido tentado en todo de la misma manera que nosotros, aunque sin pecado. ¹⁶ Así que acerquémonos confiadamente al trono de la gracia para recibir la misericordia y encontrar la gracia que nos ayuden oportunamente."

No importa lo que hayas hecho, puedes acercarte al trono de Dios con confianza, sin temor. Él está más que dispuesto a perdonar todos y cada uno de tus pecados y ayudarte en todo lo que necesites. Solo pregúntale a Él.

5. Lee los siguientes versículos y deja que estos Salmos sean las oraciones de tu propio corazón.

- **Salmo 25:7**

- **Salmo 40:11**

- **Salmo 119:132**

Dios es fiel para responder a todas y cada una de estas oraciones. Él se vuelve hacia nosotras y nos colma de Su misericordia, amor y fidelidad. Él perdona y olvida nuestros pecados, los que cometimos cuando éramos jóvenes, o ignorantes, o simplemente rebeldes. Él no los usa en nuestra contra ni nos los arroja a la cara. JAMÁS. Él es bueno.

Salmos 103:1-12. "Alaba, alma mía, al SEÑOR; alabe todo mi ser su santo nombre. ² Alaba, alma mía, al SEÑOR y no olvides ninguno de sus beneficios. ³ Él perdona todos tus pecados y sana todas tus dolencias; ⁴ él rescata tu vida del sepulcro y te corona de gran amor y misericordia; ⁵ él te colma de bienes y tu juventud se renueva como el águila. ⁶ El SEÑOR hace justicia y defiende a todos los oprimidos. ⁷ Dio a conocer sus caminos a Moisés; reveló sus obras al pueblo de Israel. ⁸ El SEÑOR es compasivo y misericordioso, lento para la ira y grande en amor. ⁹No sostiene para siempre su querella ni guarda rencor eternamente. ¹⁰No nos trata conforme a nuestros pecados ni nos paga según nuestras iniquidades. ¹¹Tan grande es su amor por los que le temen como alto es el cielo sobre la tierra. ¹²Tan lejos de nosotros echó nuestras transgresiones como lejos del oriente está el occidente."

6. De acuerdo con el **Salmo 103:1-12**, haz una lista de todos los beneficios de entregar tu vida al Señor.

Además de los innumerables beneficios y bendiciones que Dios te otorga, espero que te des cuenta de lo lejos que Dios quita de ti la culpa de tus pecados: "Tan lejos como está el oriente del occidente". Trata de imaginar lo lejos que está esto: tus pecados están completamente alejados de ti.

No Hay Condenación

Veamos a una mujer que experimentó la gracia y el perdón de Jesús de primera mano.

7. Por favor, lee **Juan 8:1-11** y responde las siguientes preguntas.

a. ¿Qué acusaciones se lanzan contra la mujer?

b. ¿Qué quiere la multitud que se haga con ella como resultado de su pecado?

c. ¿Cómo responde Jesús a los que están en la multitud?

d. ¿Cuáles son las palabras de Jesús a la mujer?

e. Después de que Jesús perdona misericordiosamente a la mujer, ¿qué mandamiento le da?

f. ¿Alguna vez te has sentido condenada o acusada por los demás? Si es así, ¿cómo?

g. ¿Cómo te sientes al saber que Jesús no te trata así?

Nuevamente, podríamos disectar esta historia y extraer muchas lecciones bíblicas, pero para el propósito de nuestro estudio ~Perdonada y Nueva~, nos enfocaremos en la mujer siendo el centro de todo. Esta mujer se encontró con Jesús en lo que probablemente fue uno de los peores y más vergonzosos días de su vida. Incluso se puede decir que esta fue su versión de tocar fondo, y que no había otro lugar donde mirar o acudir en busca de ayuda, sino a los ojos de su Salvador. Su pecado había sido expuesto ante todos, incluyendo a Jesús. Sin embargo, Jesús la miró con gracia y misericordia, no con dureza, vergüenza o condenación. Aunque otros la condenaron y quisieron apedrearla, Él vio su corazón dolorido y la defendió. Él le mostró perdón y le ofreció un nuevo comienzo. Después de que la mujer se encontró con Jesús, su vida cambió para siempre con el conocimiento de que Él era su defensor personal. Lo más probable es que experimentar Su perdón la hubiera llenado de una nueva confianza, una que la ayudaría a seguir adelante, dejando atrás el pasado.

"Jesús dijo: —Tampoco yo te condeno. Ahora vete, y no vuelvas a pecar". Juan 8:11

Nuestra nueva vida en Cristo exige que nosotros también dejemos nuestras viejas vidas de pecado.

2 Timoteo 2:19, "A pesar de todo, el fundamento de Dios es sólido y se mantiene firme, pues está sellado con esta inscripción: «El Señor conoce a los suyos», y esta otra: «Que se aparte de la maldad todo el que invoca el nombre del Señor»

Como hijas de Dios, debemos dejar atrás nuestros pecados. El pecado ya no es nuestra opción.

Eres Una Nueva Creación

Efesios 4:22-24, "Con respecto a la vida que antes llevaban, se les enseñó que debían quitarse el ropaje de la vieja naturaleza, la cual está corrompida por los deseos engañosos; ²³ ser renovados en la actitud de su mente; ²⁴ y ponerse el ropaje de la nueva naturaleza, creada a imagen de Dios, en verdadera justicia y santidad."

Basándome en la descripción de las Escrituras, me imagino a mi viejo yo pecaminosa como un abrigo raído que está desgastado en las costuras, con agujeros en los codos, manchas en el parte delantera y terriblemente feo, y estoy muy agradecida de que Dios me haya permitido quitármelo y cambiarlo por uno nuevo, limpio, sin mancha, radiante, vestidura exterior de Su justicia.

Apocalipsis 19:8, "y se le ha concedido vestirse de tela de lino fino, limpio y resplandeciente». (El lino fino representa las acciones justas de los creyentes)".

8. ¿Crees en Dios cuando Él dice que eres perdonada?

9. ¿Todavía te ves con tu viejo abrigo raído? ¿O te ves a ti misma como realmente eres, vestida con un manto limpio y brillante de justicia? Explicar.

10. ¿Alguna vez invaden tu mente pensamientos de arrepentimiento y vergüenza? ¿Has aprendido a entregarlos a Dios? Explicar.

11. ¿Con cuánta facilidad te perdonas a ti misma por los pecados pasados o recientes? Recuerda lo importante que es este paso para avanzar.

Si has puesto tu fe en el sacrificio de Jesús, entonces así es exactamente como Dios te ve: ¡nueva, limpia y pura, sin mancha y sin pecado! Y si así es como Dios te ve, entonces ¿no crees que ya es hora de que te veas a ti misma de esta manera también?

Muchas de nuestras malas decisiones en la vida tienen sus raíces en inseguridades. Solo piensa en toda la vergüenza y el arrepentimiento que se pueden evitar en el futuro si tomamos decisiones basadas en la confianza que tenemos como hijas de Dios. Aunque no podemos volver atrás y cambiar nuestro pasado, podemos dejar de castigarnos por ello, aceptar el perdón de Dios y seguir adelante con confianza. Si Dios dice que somos perdonadas, entonces debe ser verdad. ¡Tenemos que creerle!

Incluso si creemos en Dios, a veces nos vienen a la mente pensamientos de nuestros pecados y errores pasados, que Dios ha perdonado hace mucho tiempo. Lo que importa es lo que hacemos con estos pensamientos: podemos dejar que se vuelvan locos en nuestras cabezas, trayendo vergüenza y condena; podemos dejar que nos roben el gozo y la esperanza del perdón y la libertad que hemos encontrado en Jesús, o podemos volver nuestros pensamientos a Dios y dejar que Él nos llene con la Verdad tranquilizadora y reafirmante de que ya estamos perdonados.

Filipenses 4:8, "Por último, hermanos, consideren bien todo lo verdadero, todo lo respetable, todo lo justo, todo lo puro, todo lo amable, todo lo digno de admiración, en fin, todo lo que sea excelente o merezca elogio".

La verdad es que somos la nueva creación de Dios y hemos sido lavadas.

2 Corintios 5:17, "Por lo tanto, si alguno está en Cristo, es una nueva creación. ¡Lo viejo ha pasado, ha llegado ya lo nuevo!"

¡Esa eres tú! ¡El viejo tú se ha ido, el nuevo tú está aquí para quedarse!

Ya que hemos sido lavadas, ahora queremos permanecer de esa manera, y afortunadamente las Escrituras nos dan un plan para mantenernos limpias.

Salmo 119:80, "Que con corazón íntegro obedezca tus estatutos, para que yo no sea avergonzado".

Leer nuestra Biblia y vivir de acuerdo con lo que dice (no por lo que dicen nuestros sentimientos, lo que dicen nuestros amigos o familiares, o lo que dice Satanás nuestro enemigo) es nuestra manera segura de evitar pecar, y esto nos ayudará a evitar el arrepentimiento futuro.

Nuestra Nueva Vida Tiene un Nuevo Enfoque

¡Somos nuevas, pero Jesús debe permanecer siendo nuestro enfoque!

12. Por favor, lee **Hebreos 12:1-2** y toma nota de cómo esta escritura nos anima a mantenernos libres de pecado.

    a. ¿Cómo debemos correr esta carrera? ¿Qué significa esto para ti?

    b. ¿Dónde debe estar nuestro enfoque?

Aquí las Escrituras han descrito la vida como una carrera, una carrera en la que toda persona inicia apenas nace. Una vez que nuestra carrera comienza, tenemos la opción de elegir cómo la corremos: sin tener intención (recorrer sin rumbo), descuidadamente (chocando con todo), distraída (mirando a todas partes menos hacia adelante) o enfocada, con propósito y con objetivos.

Lo *bien* que corramos nuestra carrera depende en gran medida de nuestras elecciones y nuestro enfoque.

Poner nuestra fe en Jesús para nuestra salvación, seguirlo diariamente y dejar atrás nuestras vidas de pecado son decisiones que tomamos deliberadamente durante nuestra carrera. Una vez que decidimos seguir a Jesús, somos salvas de nuestros pecados y de la amenaza de muerte. Sin embargo, debemos elegir intencionalmente evitar que el pecado nos estorba y nos enrede a diario. ¿Cómo lo hacemos? No por nuestra cuenta, eso es seguro. Solo corriendo la carrera con Jesús, fijando nuestros ojos firmemente en Él, dejando que Él nos guíe hacia la victoria. Él es el pionero, abriendo el camino ante nosotras.

Cuando leo este versículo, tengo una imagen de mi carrera y Jesús está cumpliendo todos los roles: Jesús es mi entrenador, me prepara y me mantiene bien acondicionada física, espiritual y mentalmente; Él está al margen animándome, diciéndome: "¡Sigue adelante, puedes hacerlo!"; Es mi compañero, corriendo a mi lado en cada paso del camino; Él es mi entrenador, me llama hacia Él, la línea de meta y la victoria.

2 Timoteo 4:7-8, "He peleado la buena batalla, he terminado la carrera, me he mantenido en la fe. ⁸ Por lo demás me espera la corona de justicia que el Señor, el Juez justo, me otorgará en aquel día; y no solo a mí, sino también a todos los que con amor hayan esperado su venida."

No sé ustedes, pero al final de mi vida me encantaría repetir estas palabras confiadas de Pablo como si fueran mías."

¡Su Gozo, Nuestro Gozo!

Jesús tuvo un enfoque intencional mientras vivía Su propósito aquí en la tierra. Su enfoque era tener gozo. El gozo, la alegría estaba esperando en la línea de meta de Su vida.

Hebreos 12:2, "Fijemos la mirada en Jesús, el iniciador y perfeccionador de nuestra fe, quien por el *gozo* que le esperaba, soportó la cruz, menospreciando la vergüenza que ella significaba, y ahora está sentado a la derecha del trono de Dios."

Vimos este versículo brevemente en el capítulo uno, pero profundicemos un poco más y saboreemos su significado. ¿Cuál es este gozo en el que Jesús estaba tan enfocado? Tú y yo somos el gozo que fue puesto delante de Jesús. El pensamiento de nuestra salvación y de una relación restaurada con nosotros estaba en la mente de Jesús mientras colgaba de la cruz; nuestro perdón era Su meta, y nuestra redención era Su propósito. Jesús soportó la agonía de la cruz para que tengamos el gozo de estar con Él por toda la eternidad. El sacrificio de Jesús pagó para rescatarnos de nuestros pecados, y Él consideró un gozo dar Su vida por nosotros. Mientras estaba en la cruz, Jesús proclamó las palabras: "Consumado es" (**Juan 19:30**). Con Su propósito y gozo completos, Jesús ahora está exaltado y sentado a la diestra de Dios el Padre en los reinos celestiales hasta el momento en que regrese por nosotras.

Ahora bien, el *gozo* puesto delante de mí, y el gozo puesto delante de vosotros, es el de morir a uno mismo y vivir para Jesucristo nuestro Salvador, y para Su mensaje del Evangelio. Ya no vivimos para nosotras mismas; en cambio, vivimos para Él. ¡Nuestro gozo es conocerlo, obedecerlo, glorificarlo, amarlo y alabarlo con todo lo que tenemos! Debemos continuar en el mismo gozo que Jesús tuvo en la cruz en el Calvario y tomar nuestra propia cruz diariamente. Algún día lo veremos cara a cara, y nosotras también seremos exaltadas en el Reino de los Cielos, pero hasta ese día, buscaremos seguirlo y honrarlo aquí en la tierra. Esta alegría y gozo debe ser nuestro enfoque.

13. ¿Ves el vivir para Jesús como un "gozo"? ¿Qué significa para ti personalmente experimentar alegría a diario mientras vives para Jesús?

14. ¿Cuáles son algunas maneras prácticas en la que todas podamos tomar nuestra cruz diariamente? ¿Cómo planeas implementarlos en tu propia vida? ¿Qué puedes entregarle personalmente? ¿De qué maneras puedes empezar a vivir más para Él?

Misericordias Nueva, Todos los Días

A pesar de que somos contadas como justas y limpias de la mancha de nuestros pecados, es posible que ocasionalmente y momentáneamente caigamos en nuestros viejos pecados y nuestros viejos hábitos durante este viaje. Una palabra se nos puede escapar, quizás hagamos algo que sabemos que no deberíamos haber hecho. Quizás nos soltamos de la mano de Jesús, nos distraemos y aventurarnos por nuestra cuenta en la dirección equivocada por un segundo. Afortunadamente, nunca podemos equivocarnos lo suficiente como para que la gracia y la misericordia de Dios no puedan redimirnos y perdonarnos. Tampoco nuestros pecados nos separarán jamás de Su amor.

Efesios 2:8-9, "Porque por gracia ustedes han sido salvados mediante la fe. Esto no procede de ustedes, sino que es el regalo de Dios y ⁹ no por obras, para que nadie se jacte."

Permítanme volver a enfatizar esto: tenemos salvación al poner nuestra fe en Jesucristo, solo por la gracia de Dios. No nos ganamos Su gracia por nada bueno que hagamos y no podemos perder Su gracia por nada malo que hagamos.

En la seguridad de la gracia de Dios, encontramos una razón para la confianza.

La confianza de la que hablamos a lo largo de este estudio no es una confianza mundana y autosuficiente, sino una confianza santa que depende de Dios. Pensé en compartir el significado bíblico de la palabra "confianza", que encontré en el sitio web Biblestudytools.com.

Confianza: *certeza y seguridad de la relación de uno con Dios, un sentido de audacia que depende de la comprensión de la aceptación de Dios y la convicción de que el destino de uno está seguro en Dios.*

15. Por favor, lee los siguientes versículos y toma nota de la seguridad que se encuentra en la misericordia de Dios.

- **Lamentaciones 3:22-23**

- **Juan 10:28-30**

- **Efesios 4:30**

Misericordias diarias. Sin temor a perder nuestra salvación. Estamos selladas para siempre con el Espíritu de Dios. Todas son razones de confianza. Dios el Padre nos ofrece y nos da una vida renovada a través de Jesucristo no solo cuando lo aceptamos como Salvador, sino también diariamente cuando nos presentamos ante Él y confesamos y nos arrepentimos de nuestros pecados. Eso significa que tenemos nueva oportunidad todos los días.

Me encanta recibir sets de regalos; siempre están empaquetados perfectamente. Una Navidad, mi querida hermana me regaló uno de estos sets de regalo, que incluía gel de baño y loción. Cuando abrí la botella, olía dulce y fresco, y el nombre en la etiqueta decía: Vida Fresca. Me encanta el simbolismo del nombre. ¿Quién no quiere una vida renovada, un nuevo comienzo? Cuando lo recibí por primera vez, pensé momentáneamente: "¿No sería increíble si pudiera obtener una vida renovada simplemente enjabonándome este gel de baño todos los días?" Entonces rápidamente recordé que tenía algo mejor. Ya tengo la limpieza diaria, y una vida renovada con Dios que continuamente se derrama sobre mí por la gracia de Jesús.

A pesar de que estoy eternamente limpia, hay días, o momentos en los que me vendría bien un nuevo comienzo, un reinició, para retractarme de mis palabras, tomar mis acciones de del pasado; a veces me gustaría tomar un borrador y eliminar por completo de la historia lo que sea que hice. Estoy muy agradecida de que esto sea más que espejismo un pensamiento con ilusión.

Ejemplo de una Segunda Oportunidad

Veamos un ejemplo bíblico de una gran oportunidad para empezar de nuevo.

16. Si alguna vez hubo alguien que quiso retractarse de sus palabras, alguien que desesperadamente quería volver a hacerlo bien, fue Pedro. Por favor, lee su historia en los siguientes tres pasajes de las Escrituras y registra tus pensamientos sobre la situación. ¿Qué sabe Jesús que le dice a Pedro? ¿Cómo responde Pedro? ¿Cómo se siente Pedro? Describe la situación. Describe la gracia y la misericordia de Jesús.

La primera parte de la historia tiene lugar antes del arresto de Jesús.

- **Mateo 26:34-35**

El siguiente pasaje ocurre después del arresto de Jesús.

- **Mateo 26:69-75**

La tercera parte de la historia de Pedro ocurre después de la muerte, sepultura y resurrección de Jesús. La escena ocurre temprano en la mañana en la orilla del lago Tiberíades, cuando Pedro y los otros discípulos, fatigados y cansados, regresando de una larga noche de pesca, y que se encuentran a Jesús esperándolos. Esta era la tercera vez que se les aparecía desde Su resurrección. La siguiente conversación toma lugar mientras los discípulos disfrutan de una comida con Su Salvador resucitado.

- **Juan 21:15-19**

A medida que la historia avanzaba, notamos que Jesús sabía de antemano que Pedro iba a ceder a la tentación y fracasar, incluso hasta el punto de negar que conocía a Jesús. Jesús predijo exactamente cuántas veces Pedro lo negaría y el marco de tiempo preciso dentro del cual lo haría: tres veces, antes de que cantara el gallo. Y a la mañana siguiente, temprano, mientras el gallo cantaba, Pedro, abrumado por la vergüenza y el arrepentimiento, lloró mientras las palabras de Jesús, y sus propias palabras de negación, resonaban inquietantemente en su mente. Pedro necesitaba un "borrón y cuenta nueva", una nueva oportunidad, y Jesús, Su Señor y Salvador, fue fiel en dársela. Esta escena de la madrugada, cuando Jesús resucitado se encontró con Sus discípulos en la orilla, fue con el propósito de restaurar a Pedro. En Su misericordia, Jesús le dio a Pedro la oportunidad de la redención. Jesús no le echó en cara a Pedro reluciendo su pasado, sino que se encontró con Pedro en su lugar de arrepentimiento y le ofreció la oportunidad de una restauración plena y completa. Jesús tomó las palabras de negación de Pedro y las redimió con palabras de aceptación: tres veces Pedro había negado a su Señor, y tres veces Jesús le dio la oportunidad a Pedro de proclamar su amor y compromiso con Su Salvador y Amigo. Jesús es nuestro gran Redentor. Él toma nuestras debilidades desesperadas, nuestros grandes errores y nuestros pecados deliberados, y los convierte en lecciones de vida, mientras nos ofrece a cada uno un nuevo comienzo.

Somos hijas del Rey. Nuestra salvación es segura, nuestro perdón es completo. Sin embargo, mientras vivimos aquí en la Tierra esperando el día en que realmente residamos en el Reino Celestial, ocasionalmente exhibiremos un comportamiento no celestial. Encuentro un maravilloso estímulo al saber que incluso grandes héroes de la fe como Pedro y Pablo lucharon diariamente con la debilidad. Pablo escribió acerca de su lucha en **Romanos 7:15-20: "No entiendo lo que me pasa, pues no hago lo que quiero, sino lo que aborrezco."**.

Doy gracias a Dios por su gracia paciente y su poder transformador en mí.

17. ¿De qué manera la historia de Pedro nos ofrece esperanza y aliento para perseverar en nuestra fe, para no darnos por vencidos, incluso cuando nos equivocamos, sino para seguir adelante?

18. Describa una ocasión en la que Jesús le ofreció volver a hacerlo.

Pulida, Lista y Dispuesta A Servir

Quiero compartir con ustedes una última historia de una persona que experimentó el perdón de Dios y la poderosa forma en que impactó su vida.

19. Por favor, lee **Isaías 6:1-8** y responda las siguientes preguntas.

    a. Describe la escena que Isaías está presenciando. ¿Cómo se siente Isaías en presencia de tal santidad?

    b. ¿Cómo respondió Isaías cuando fue librado de su culpa y su pecado fue sujeto bajo expiación?

    c. ¿Cuál es tu respuesta al perdón de tus pecados?

Al igual que Isaías, hemos tenido un encuentro con nuestro Dios Sagrado. Estamos asombradas por Su gloria y asombradas por Su gracia. Habiendo sido limpiadas de nuestro pecado, con nueva confianza también podemos decir: "¡Aquí estoy! ¡Envíame!"

Perdonada y Confiada

Sabemos lo que fuimos, y sabemos lo que somos ahora, y por gratitud ahora vivimos para Él, no para nuestra propia gloria, sino para la Suya.

Cada una de nosotras que ha sido redimida por Dios se convierte en un ejemplo de Su bondad, amor y poder a través de Jesucristo. Como Sus hijas, cada una de nosotras tiene pecados que han sido perdonados, cada una de nosotras tiene una vida que ha sido transformada y cada una de nosotras tiene una historia que contar, una historia que glorifica a Dios, nuestro Padre Celestial.

Salmo 107:1-2, "¡Den gracias al SEÑOR porque él es bueno; su gran amor perdura para siempre! ² Que lo digan los redimidos del SEÑOR, a quienes redimió del poder del adversario."

La Simple Verdad: ¡Eres perdonada y renovada!

Una oración sencilla: Querido Padre Misericordioso, gracias por perdonarme y rescatarme del pecado. Ayúdame a dejar de castigarme por el pasado, y a confiar en que soy una nueva criatura en Cristo Jesús. Guíame para caminar hacia adelante contigo viviendo en libertad. Amén.

"Si confesamos nuestros pecados, Dios, que es fiel y justo, nos los perdonará y nos limpiará de toda maldad." 1 Juan 1:9

Tómate un momento para reflexionar sobre la gracia pródiga de Dios y escribe una oración de gratitud en respuesta:

CAPÍTULO TRES

Tú Perteneces

Recuerda los días que pasabas en el patio de la escuela durante el recreo o en la clase de Educación Física. Todos los niños esperaban con anticipación, esperando escuchar sus nombres mientras los capitanes del equipo elegían uno por uno a los miembros de su equipo. Primero llamaban a los niños más populares, luego a los más atléticos y capaces, y así hasta llegar a los dos últimos.

Nadie quiere ser elegida en último lugar. Es uno de los peores sentimientos para una niña y también para una adulta; pensar que nadie te quiere, que no perteneces. El sentimiento de rechazo duele, pero ponemos una cara valiente, pretendemos estar bien y nos unimos de todos modos.

Cuando era niña, mi familia se mudaba cada dos años, siempre dentro de la misma ciudad pero lo suficientemente lejos como para tener que cambiar de escuela. Siempre parecía hacer amigas con bastante rapidez, y disfrutaba de mis diferentes escuelas hasta el quinto grado. Debo decir que el quinto y el sexto grado no fueron la mejor experiencia para mí. Era una edad incómoda, y yo era la nueva otra vez. Aunque hice muchas amigas, todavía me sentía insegura. Quería tener una amiga cercana y verdadera compañera en mi nueva escuela, como la que había tenido en mi escuela anterior. Había una niña sentada en el escritorio al lado del mío. Todavía recuerdo su nombre y su rostro. Quería ser su amiga. Un día le pedí prestado su bálsamo labial, ya que las niñas de esa edad a menudo comparten esos artículos. Ella accedió a mi solicitud y me lo entregó. Después de aplicar el bálsamo, en lugar de devolvérselo, lo guardé en mi propio escritorio. Estoy segura de que parecía que lo estaba robando (tenía planeado devolvérselo eventualmente), cuando en realidad este era mi intento de solidificar nuestra amistad. En mi mente de doce años pensaba que si ella me dejaba guardar su bálsamo labial en mi escritorio, entonces debíamos ser realmente amigas cercanas, porque eso es lo que hacen las amigas cercanas, ¿verdad? Rápidamente aprendí que estaba equivocada. En el recreo, ella le dijo rápidamente a las otras niñas en el patio lo que había hecho. Todavía puedo verlas reunidas en un círculo, chismeando sobre el horror de todo. Mi corazón se rompió. Después de que terminó el recreo, volvimos adentro y nos sentamos, justo al lado una de la otra. Inmediatamente metí la mano en mi escritorio, saqué el bálsamo labial y se lo devolví a su legítima dueña. El deseo de pertenecer puede hacernos hacer cosas bastante ridículas. A medida que crecemos, este deseo puede incluso llevarnos a participar en cosas peligrosas y dañinas.

Nuestras elecciones y acciones a menudo están impulsadas por el deseo de encajar, ser aceptadas y pertenecer. Esto puede llevar a mucho arrepentimiento y tristeza si en el proceso bajamos nuestros estándares, doblamos nuestros principios o olvidamos nuestra moral, comportándonos de una manera contraria a nuestra identidad como hijas de Dios, solo para encajar en el "grupo popular". Además de esta primera respuesta de tratar de "encajar", hay una segunda respuesta que a menudo adoptamos respecto al deseo de pertenecer: es retirarse o aislarse como medio de autoprotección, alejándonos de la posibilidad de rechazo. Satanás, nuestro enemigo, ama cuando elegimos cualquiera de estas respuestas: la primera nos deja abiertas al pecado y la vergüenza, la segunda nos deja completamente solas donde puede acosarnos implacablemente. Sin embargo, hay una tercera respuesta que nuestro enemigo nunca quiere que elijamos. Es una de confianza y seguridad en quienes realmente somos: miembros de la familia de Dios, manteniéndonos firmes contra la mentira de que no pertenecemos.

He tenido esta conversación con mujeres antes y las heridas desde la primaria y secundaria, e incluso heridas más recientes, siguen frescas en nuestras mentes. Basándome en mis encuentros previos, estoy bastante segura de que muchas de ustedes han experimentado la sensación de no pertenecer en algún momento de sus vidas. Puede que haya recuerdos de cosas que han hecho para intentar "encajar", o momentos en los que se retiraron como medio de autoprotección que están pasando por sus mentes en este momento. Les animo a decidir empezar a elegir la tercera respuesta de mantenerse firmes en la confianza de que son hijas de Dios y en el conocimiento de que tienen un lugar de pertenencia con Jesús. Tomen sus pensamientos y sentimientos de inseguridad cautivos y entréguenselos a la Verdad de Dios.

1. Describe una vez cuando sentiste que no pertenecías

2. ¿Alguna vez has hecho algo fuera de tu carácter con la esperanza de pertenecer? ¿Qué hiciste y cuál fue el resultado?

3. ¿Alguna vez te has retirado o aislado como medio de protegerte del rechazo? Describe la situación.

4. ¿Estás lista para trabajar en elegir la tercera respuesta? ¿Cuál será tu primer paso?

Saber que pertenecemos a Dios y a Su santa familia nos da la confianza que necesitamos, permitiéndonos nunca comprometer nuestra integridad solo para agradar a otros y ser aceptadas por ellos, y nunca más aislarnos como medio de protección. Tenemos un Padre amoroso que nos acepta tal como somos, que nunca nos excluye, desea lo mejor para nosotras y, a diferencia de mis compañeros de clase, Él nunca chismea sobre nosotras.

Todas queremos pertenecer de alguna manera y a algo. Familias, equipos, clubes, grupos, organizaciones, fraternidades, sororidades y pandillas: estos grupos nos dan un lugar para unirnos con otras personas que comparten intereses, propósitos, pasiones y metas comunes. Nos proporcionan un lugar de pertenencia, nos ofrecen apoyo y nos validan como personas. No es sorprendente que busquemos estas vías de conexión y pertenencia. Dios es quien puso este deseo en nuestros corazones, nunca quiso que estuviéramos solas. Hemos sido creadas para la compañía y las relaciones. Siendo el Padre amoroso que es, nos ha proporcionado un lugar cálido y amoroso para que tú y yo pertenezcamos. Este lugar de pertenencia está abierto a todos: es la Familia de Dios.

¡Dios te elige! ¡Eres miembro de Su familia y una jugadora valiosa en Su equipo!

Cantares 7:10: "Yo soy de mi amado y él me desea con pasión".

¿Captas la belleza de este versículo? (Vamos a pasar más tiempo estudiando el libro de Cantar de los Cantares en un capítulo posterior, pero por ahora quería compartir este versículo contigo). Dios te desea, ¡Él te quiere! ¡Perteneces a Él y tienes un lugar de pertenencia con Él!

No tenemos que ser las más rápidas, inteligentes, talentosas o a la moda. Todo lo que se necesita para ser aceptadas por Dios es que recibamos a Jesucristo como nuestro Señor y Salvador. Basado en Su sacrificio por nosotras, somos más que suficientes. ¡Somos asombrosas a Sus ojos! De hecho, Jesús nos dice que vengamos tal como somos. No nos pide que encajemos en ningún molde antes de venir, nos invita a venir a Él tal como somos.

Hija de Dios

Algunos pueden decir que los siguientes versículos del Antiguo Testamento de Isaías se aplican solo a Israel, pero si leemos las palabras de Jesús en el Nuevo Testamento—Juan 5:24—vemos que Él considera a todos los que creen en Él como Salvador como Sus verdaderos hijos, obteniendo vida eterna con Él. Así que reclamemos estas promesas para nosotras mismas, como descendientes de Abraham (el patriarca elegido por Dios y el padre de la nación de Israel), por la fe en Jesús.

Isaías 41:8-10, "Pero tú, Israel, mi siervo, tú, Jacob, a quien he escogido, descendiente de Abraham, mi amigo: ⁹ Te tomé de los confines de la tierra, te llamé de los rincones más remotos y te dije: 'Tú eres mi siervo'. Yo te escogí; no te rechacé. ¹⁰ Así que no temas, porque yo estoy contigo; no te angusties, porque yo soy tu Dios. Te fortaleceré y te ayudaré; te sostendré con la diestra de mi justicia'".

La palabra "rechazo" puede evocar sentimientos de dolor. Los recuerdos de rechazo—de compañeros, del mundo a nuestro alrededor, de supuestos amigos, nuestra familia, e incluso de aquellos que se supone que deben amarnos y aceptarnos más, nuestros padres—pueden resurgir en nuestras mentes una y otra vez. El rechazo puede causar un dolor que hace que nuestros corazones realmente duelan. La amargura crece cuando permitimos que estas heridas se enconen en nuestros corazones. La paz crece cuando invitamos la sanación a nuestros corazones, una sanación que solo el SEÑOR puede traer.

Deja que estas palabras del SEÑOR penetren y traigan la sanación que necesitas: "Te llamé", "Te he escogido y no te he rechazado." Personalmente, cuando leo estas palabras, me imagino a mí misma entrando en una sala llena de gente, escaneando la escena con la esperanza de encontrar un rostro amigable y acogedor que me incluya en su mesa. Luego, cuando vislumbro a Jesús, Sus ojos se fijan en mí, una cálida sonrisa se extiende por Su rostro, y me llama por mi nombre invitándome a sentarme en Su mesa. Él borra todos mis miedos de rechazo cuando llama: "Hola, Tracy, ven y únete a mí, he guardado un lugar solo para ti." Reemplaza mi nombre con el tuyo e imagina a Jesús llamándote, "Hola, (tu nombre aquí) _____, ven y únete a mí. He guardado un lugar solo para ti." Jesús no espera que le pidamos si podemos unirnos a Él, Él toma la iniciativa e invita a que vengamos.

Nuestro Padre Celestial llama a cada una de nosotras desde donde estemos, incluso desde "los confines de la tierra." Él conoce tu nombre y el mío, y nos llama. Nos invita a acercarnos a Él. Podemos venir sin miedo al rechazo; venimos con la certeza de saber que Él nos ha elegido especialmente. Él es nuestro Dios que nos fortalecerá y nos ayudará como Sus preciosas hijas.

5. Leamos los siguientes versículos para obtener más seguridad de que somos, de hecho, descendientes de Abraham por fe y una hija de Dios. Por favor, nota las afirmaciones encontradas en cada Escritura

- **Gálatas 3:7-9, 26-27**

- **Romanos 9:8**

Elegida

Acabamos de leer una confirmación adicional de que somos hijas de Dios, no por ser lo suficientemente buenas, tener el pedigrí correcto o ganarnos el camino, sino simplemente por poner nuestra fe en Jesucristo. ¿Lo entendiste? ¡Solo por la fe en la gracia de Dios! En el momento en que creemos en Él, inmediatamente tenemos un lugar en la familia. ¡No olvidemos esa maravillosa verdad!

6. Por favor, lee **Efesios 1:3-14** y subraya todas las palabras y frases que claramente se refieren a nuestro estado de pertenencia.

Efesios 1:3-14, "Bendito sea Dios, Padre de nuestro Señor Jesucristo, que nos ha bendecido en las regiones celestiales con toda bendición espiritual en Cristo. [4] Dios nos escogió en él antes de la creación del mundo, para que vivamos en santidad y sin mancha delante de él. En amor [5] nos predestinó para ser adoptados como hijos suyos por medio de Jesucristo, según el buen propósito de su voluntad, [6] para alabanza de su gloriosa gracia, que nos concedió en su Amado. **⁷** En él tenemos la redención mediante su sangre, el perdón de nuestros pecados, conforme a las riquezas de su gracia **⁸** la cual Dios nos dio en abundancia con toda sabiduría y entendimiento. **⁹** Él nos hizo conocer el misterio de su voluntad conforme al buen propósito que de antemano estableció en Cristo, **¹⁰** para llevarlo a cabo cuando se cumpliera el tiempo, esto es, reunir en él todas las cosas, tanto las del cielo como las de la tierra. **¹¹** En Cristo también fuimos hechos herederos, pues fuimos predestinados según el plan de aquel que hace todas las cosas conforme al designio de su voluntad, **¹²** a fin de que nosotros, que fuimos los primeros en poner nuestra esperanza en Cristo, seamos para alabanza de su gloria. **¹³** En él también ustedes, cuando oyeron el mensaje de la verdad, el evangelio que les trajo la salvación, y lo creyeron, fueron marcados con el sello que es el Espíritu Santo prometido. **¹⁴** Este garantiza nuestra herencia hasta que llegue la redención final del pueblo adquirido por Dios, para alabanza de su gloria".

7. ¿Cómo te consuelan estas Escrituras?

8. ¿Es esta la primera vez que has considerado a Jesús como algo más que tu camino hacia la salvación, sino también como tu camino hacia un lugar de pertenencia permanente en Su familia? Explica.

Espero que hayas notado todas las hermosas referencias a cómo Dios se siente acerca de ti. Te eligió y te adoptó como Su hija a través del sacrificio de Jesús. Mucho antes de que el mundo comenzara, Dios tenía el plan perfecto para hacerte Su hija. A través de Jesús, estás incluida, ahora y siempre. Su Espíritu Santo te ha marcado con Su sello de pertenencia. ¡Eres Suya!

Isaías 43:10, «Ustedes son mis testigos», afirma el SEÑOR, «y mi siervo a quien he escogido, para que me conozcan y crean en mí, y entiendan que yo soy. Antes de mí no hubo ningún otro dios ni habrá ninguno después de mí».

9. Nuestro Soberano, Dios Todopoderoso, es también nuestro Padre accesible y amoroso. Según **Isaías 43:10**, escribe el propósito para el cual Dios te ha elegido. ¿Qué significa esto?

Dios te ha elegido con el propósito de invitarte a conocerlo íntimamente. Él quiere que no solo sepas sobre Él, sino que realmente lo conozcas como Padre. Quiere que confíes, creas y te apoyes en el amor que Él tiene por ti. Quiere que verdaderamente comprendas que le perteneces y que entiendas que Él es fiel por naturaleza. Él es el único Dios verdadero; es digno de confianza; es el Dios que fue, es y siempre será. Él permanece con Su familia para siempre.

La Invitación

Todos están invitados a pertenecer al Reino de Dios, pero solo aquellos que aceptan la invitación y reciben a Jesús como Salvador serán elegidos para entrar en Su familia.

10. Por favor, lee **Mateo 22:1-14** y responde las siguientes preguntas.

    a. En el **versículo 9** vemos que la invitación de Dios llega a todos. ¿Qué se revela sobre el corazón de Dios mientras Él continuamente alcanza a un mundo necesitado?

    b. ¿Cuáles son las respuestas y excusas de aquellos que rechazan Su invitación?

    c. Basándonos en el versículo 10, vemos que tanto los buenos como los malos son invitados. ¿Qué revela esto sobre nuestra invitación al Reino de Dios? ¿Está basada en méritos? ¿Cómo te hace sentir esto?

    d. Durante ese período, un anfitrión proporcionaría la vestimenta adecuada para todos los invitados que entraran en su banquete. En los **versículos 11-13** vemos que alguien ha entrado a la fiesta y no lleva la ropa de boda que su anfitrión ha ofrecido. Ha rechazado la vestimenta que su anfitrión ha requerido. Este hombre es rápidamente excluido de la fiesta. Estos versículos confirman que necesitamos a Jesús. Él es quien nos viste con Su justicia para Su banquete. "Porque muchos son invitados, pero pocos son escogidos" para quedarse y disfrutar de las bendiciones encontradas en la Presencia del Padre. El Señor extiende la invitación, solo necesitamos aceptarla y ponernos la ropa justa que Él ha proporcionado. El versículo 4 detalla algunas de las extravagancias que se prepararon para aquellos que aceptaron la invitación del rey. ¿Cuáles son algunas de las extravagancias que el Señor te ha prodigado?

11. Lee los siguientes versículos para obtener más información sobre cómo convertirse en una hija de Dios. Nota lo que descubres.

- **Juan 1:12**

- **Romanos 8:14-15**

Llámame Padre

Los pasos para convertirse en un miembro pleno de la familia de Dios son realmente bastante simples. Recapitulemos: recibir a Jesús como Señor y Salvador, poner nuestra fe únicamente en Él, convertirse en una hija de Dios. Y luego obedecemos, no por miedo u obligación, no porque tengamos que hacerlo, sino únicamente por amor. ¿Por qué? Porque "Él nos amó primero". ¡Nuestro estado de pertenencia es un hecho consumado! Somos adoptadas en Su familia, y la adopción siempre es iniciada por alguien que realmente quiere que seamos su hijo. Él es nuestro Padre, nuestro Papá, nuestro Abba, nuestro Papi.

12. Es posible que solo hayas imaginado a Dios como Dios, en el cielo, distante y apartado. ¿Cómo se ve afectado tu corazón por el conocimiento de que Dios quiere ser tu Padre?

Nuestra respuesta puede ser profundamente influenciada por la relación que tenemos con nuestro padre terrenal. Si fue (o es) amoroso, nos será más fácil ver a nuestro Padre Celestial de la misma manera. Si nuestro padre terrenal fue (o es) severo y duro, nuestra percepción será sesgada, haciendo más difícil ver a nuestro Padre Celestial como gentil y amable. Si fue emocionalmente distante, puede ser más difícil ver a nuestro Dios como accesible y devoto. Si nuestro padre terrenal estuvo totalmente ausente, podría ser más difícil confiar en la fidelidad de Dios. Esto es exactamente por lo que es tan importante estudiar la Biblia y aprender la verdad sobre Dios. Cuando conocemos Su carácter con precisión, ¡nuestros corazones y bocas gritarán de alegría! ¡Él es un Padre como ningún otro! El que nos ha adoptado es amoroso, gentil y amable, accesible y devoto, ¡fiel y digno de confianza! ¡Eso merece un grito de alegría!

Salmo 105:43, "Sacó a su pueblo, a sus escogidos, en medio de gran alegría y de gritos jubilosos."

Nueva Membresía

De hecho, hay un gran gozo cuando aceptamos el hecho de que pertenecemos a Jesús y a la familia—la iglesia, el cuerpo, el Reino—de Dios. Con eso, hemos cancelado nuestra membresía al mundo. Vivimos de acuerdo a nuestra membresía en la familia de Cristo. Junto con las abundantes bendiciones que vienen a través de nuestra creciente relación con Jesús, habrá un distanciamiento en nuestra relación con el mundo y todo lo que ofrece, y con lo que dice acerca de lo que significa pertenecer (porque el mundo que nos rodea tiene sus propias ideas sobre lo que significa pertenecer). Ahora vivimos de acuerdo con nuestra membresía en Su familia, y cancelamos nuestra membresía en el mundo en el que anteriormente tratábamos de encajar.

13. Por favor, lea los siguientes versículos y tome nota de lo que dice la Biblia con respecto a la transición de pertenecer al mundo, a pertenecer ahora a Jesús, encajando perfectamente con Él.

- **Juan 15:18-20**

- **1 Juan 3:1**

14. ¿Qué significa para ti personalmente cancelar tu membresía al mundo, reemplazándola con una membresía a la familia de Dios?

15. ¿Habías pensado alguna vez que debías soltar lo uno para recibir lo otro? ¿Qué tan difícil es esto para ti?

16. Dejar ir el "mundo", las cosas de nuestra vieja vida, requerirá esfuerzo; pero el Espíritu de Dios, Su Palabra—la Biblia—la oración, y amigas piadosas sinceras facilitarán el proceso. Es posible que tengas que decir adiós a viejos hábitos, viejos estilos de vida e incluso viejas amigas, pero Dios reemplazará lo que sea que dejes ir con algo mucho mejor. ¿Qué necesitas liberar personalmente?

17. El mundo es voluble, y su aceptación de nosotras va y viene dependiendo de nuestro desempeño, mientras que la aceptación de Dios es segura y se basa en puro amor. ¿La aceptación incondicional de Dios hace que sea más fácil aflojar tu control sobre el mundo?

Malaquías 2:15, "¿No te ha hecho Dios a tí? Le perteneces en cuerpo y espíritu".

Escogiéndolo a Él

Cada familia tiene rasgos únicos. La familia de Dios no es diferente en ese aspecto, pero en muchos otros aspectos es muy diferente a cualquier otra familia en el planeta. Los rasgos de carácter de la familia de Dios se basan en sus morales inmutables de Verdad, sus valores puros, su amor incondicional y su mandato de perdonar. Él nos eligió; ahora lo elegimos a Él y sus caminos diariamente a cambio.

18. Por favor, lea los siguientes Salmos y anote las cosas que ahora elegimos como hijos elegidos de Dios.

- **Salmo 119:29-31**

- **Salmo 119:172-174**

Familia

Hay incontables bendiciones al pertenecer a la familia de Dios. En primer lugar, tienes hermanas—¡muchas, muchas hermanas! Esto puede traer miedo o emoción, dependiendo de cuán funcional o disfuncional sea tu familia terrenal. Sin embargo, ahora tienes más hermanos y hermanas de los que puedes contar, y solo en la gracia de Dios, puedes contar con ellos. Recibimos la bendición de la comunión con hermanos y hermanas que tienen el mismo propósito, pasiones y metas que nosotros: ¡amar y glorificar a Dios! Recuerda al comienzo de este capítulo, la razón por la que las personas se unen a grupos es para reunirse con aquellos que comparten objetivos e intereses comunes, y tener un lugar de pertenencia. Bueno, en la familia de Dios encontramos esto y más: encontramos personas que se cuidan mutuamente, que se ayudan, se aman y oran unas por otras. **Pero recuerda, todavía somos humanos, cada uno de nosotros lidiando con nuestros propios problemas, por lo que necesitamos mucha ayuda del Espíritu Santo para mantener la unidad que la familia de Dios tanto merece.** Por eso es tan importante que nos revistamos mentalmente con la actitud humilde de Cristo.

La familia de Dios tiene una comunión que supera y cubre todas las diferencias que buscan dividirnos—Su nombre es Jesús. En Jesús no hay distinción entre los miembros de Su familia—no importa el origen, la herencia, la raza, el género, el estatus, la riqueza, el estilo, la popularidad o el poder. Todos somos iguales y uno en Cristo.

Colosenses 3:10-11, "y se han puesto el de la nueva naturaleza, que se va renovando en conocimiento a imagen de su Creador. ¹¹ En esta nueva naturaleza no hay judío ni no judío, circunciso ni incircunciso, extranjero, inculto, esclavo o libre, sino que Cristo es todo y está en todos."

19. Aunque somos uno, nuestras diferencias abren la puerta a muchas personalidades variadas, por lo que Dios describe la necesidad de un código de vestimenta familiar. Por favor, lea **Colosenses 3:12-14** para ver con qué se supone que debemos revestirnos como pueblo escogido de Dios. Por favor, enumere todas las "prendas" que debemos ponernos.

20. Elegir a Jesús diariamente significa dejar de lado nuestro orgullo egoísta y tener la misma actitud que Cristo. La ropa descrita en Colosenses son en realidad solo actitudes que nos ayudarán a llevarnos mejor y a mantener la unidad con otros en la familia. Describe en tus propias palabras cómo estas actitudes ayudan de esta manera.

21. Sé que a menudo recurrimos a depender de nosotras mismas para todo, pero veamos lo que dice la Biblia sobre algunos de los beneficios de tenernos unas a otras para apoyarnos. Por favor, lee las siguientes Escrituras y toma nota de las exhortaciones y beneficios que Dios tiene reservados para Sus hijas.

- **Eclesiastés 4:9-12**

- **Hechos 2:32, 42-47**

- **Romanos 12:10**

- **2 Corintios 13:11-12**

- **2 Tesalonicenses 1:3**

- **Hebreos 10:23-25**

- **Santiago 5:16**

- **1 Juan 4:12**

22. ¿Cómo te va en cuanto a acercarte a otras en la familia de Dios para buscar compañerismo? ¿Permitiendo que otras te amen? ¿Saliendo de ti misma para ayudar a otras? Me doy cuenta de que es aterrador acercarse y abrirse a otras porque nos han defraudado demasiadas veces antes, pero espero que le pidas a Dios que te dé el valor para intentarlo de nuevo.

23. Quiero reconocer que las personas en la familia de Dios no siempre se tratan como deberían, pero cuando la familia de Dios funciona correctamente, es el ejemplo perfecto de humildad y amor en acción. ¿Cómo has experimentado o presenciado que la familia de Dios se una para animarse, apoyarse y amarse mutuamente?

Sé sin duda alguna que cada una de ustedes leyendo este estudio, y cada mujer que camina por esta tierra desea amistad. Podemos mirar a nuestro alrededor y pensar que somos las únicas afuera mirando hacia adentro, las únicas que no estamos conectadas de una manera especial. Tengo noticias para ti, he conocido a muchas mujeres que se sienten solas y aisladas y desean una amiga, incluso siendo parte del cuerpo de Cristo. Quiero compartir mi historia contigo como fuente de inspiración: Cuando comencé a asistir a mi iglesia actual hace más de 20 años, me deslizaba silenciosamente, tomaba mi asiento en la parte de atrás, a menudo sola, y cuando terminaba el servicio, recogía a mis hijos y me iba a casa. Claro, intercambiaba saludos con la gente, pero no fue hasta que hice el esfuerzo de conectarme que comencé a sentir que pertenecía. Cuando me uní al Estudio Bíblico, llegué a conocer los nombres y rostros de muchas otras en mi iglesia. Cuando me inscribí para servir en el ministerio, encontré a otras con intereses comunes. Encontré amigas. Puedes estar pensando que ya haces todo esto, pero aún no sientes que perteneces o que tienes amigas. Hacer amigas a veces requiere un esfuerzo repetido de nuestra parte, otras pueden tener su propio escudo de autoprotección. Desafortunadamente, hacer amigas no es tan instantáneo como lo era en el jardín de infancia; lleva tiempo construir confianza y relaciones. Sigue buscando, hay alguien allá afuera que está esperando solo por ti.

Para tener una amiga, también debes ser una amiga. Es una calle de doble sentido. En otras palabras, la amistad es un equilibrio igual de dar y recibir; es una asociación. Una verdadera amiga acepta tu tontería, peculiaridades e incluso tu mal humor, y tú aceptas los de ella. La amiga más valiosa es amable, considerada y atenta, te invita a ser abierta y honesta, y compartir tu corazón vulnerable con ella, incluso cuando eso requiera una pequeña sesión de desahogo. Si deseas este tipo de amiga, debes ser este tipo de amiga. Tanto como necesitas una amiga que sea una buena oyente, tu amiga necesita que seas una buena oyente para ella, eso a veces significa apagar tu boca y encender tus oídos para que puedas escuchar lo que realmente está diciendo. Recuerda que es una relación de dar y recibir que viene con abundantes beneficios.

Hace años, oré por amigas, y junto con mi esfuerzo por involucrarme, Dios respondió a mis oraciones con unas mujeres asombrosas. Reunirme con estas mujeres cada semana durante los últimos 17 años y contando, junto con una dosis generosa de la Palabra de Dios, ha sido el pegamento que ayuda a mantener mi vida intacta.

Si deseas una amiga para hacer la vida juntas, quiero que tomes un momento para orar y pedirle a Dios que traiga una amiga cristiana especial a tu vida para compañerismo, comunión, diversión y apoyo.

En el cuerpo de Cristo, también deberíamos estar pendientes de otras que puedan necesitar una amiga y acercarnos a ellas. Créeme, hay muchas otras mujeres que se sienten tan vulnerables como tú y les encantaría tener una amiga. Es hora de que nos acerquemos y nos edifiquemos unas a otras.

Filipenses 2:3-4, "No hagan nada por egoísmo o vanidad; más bien, con humildad consideren a los demás como superiores a ustedes mismos. ⁴Cada uno debe velar no solo por sus propios intereses, sino también por los intereses de los demás".

24. ¿Has hecho un esfuerzo para conectarte con tu iglesia local? ¿Hay algún ministerio de mujeres en el que puedas involucrarte? He descubierto que una de las mejores maneras de superar la inseguridad de pertenecer es involucrarse en una capacidad de servicio en la iglesia a la que asistes. (Recuerda que para conectarte, realmente tienes que presentarte).

25. ¿Alguna vez has considerado pedirle a Dios que te envíe una amiga?

26. ¿Alguna vez has considerado lo que significa para ti ser una buena amiga para otras? ¿Cómo puedes ser una mejor amiga?

Siempre y en Todas Partes

Una diferencia importante que se encuentra en la familia de Dios es su existencia eterna y su alcance mundial. La familia de Dios se extiende lejos y ancho. Puedes viajar al otro lado del planeta y aún encontrar a un miembro de la familia. Puedes encontrarte con alguien que nunca has conocido antes, pero el momento en que te das cuenta de que también es creyente en Jesucristo es el momento en que te das cuenta de que tienes un vínculo eterno y duradero. Has encontrado a otra hermana o hermano en Cristo.

He estado en varios servicios de iglesia donde hemos tenido un orador invitado de una tierra lejana, un país distante, con costumbres extranjeras y un idioma diferente, sin embargo, el momento en que abren la boca en alabanza y oración, incluso si no puedo entender una palabra de lo que están diciendo, mi corazón salta mientras nuestros espíritus se unen en unidad de adoración, amor y la familia de Dios.

27. ¿Alguna vez has experimentado este vínculo familiar con extraños? ¿Cuándo y dónde?

28. Nuevamente, enfatizo que cuando la familia de Dios está funcionando como debe—amando, compasiva, comprensiva y amable—no solo se siente diferente para quienes pertenecen a ella, sino que se ve diferente para el mundo que nos rodea. Por favor, lee los siguientes versículos y toma nota de los ánimos y mandatos para nosotras como hijas de Dios.

- 1 Juan 5:18-19

- **Filipenses 2:14-16**

- **Juan 13:34-35**

29. ¿Cuáles son algunas formas específicas en las que has visto que la familia de Dios se diferencia del mundo que nos rodea?

La familia de Dios no es exclusiva de ninguna manera, forma o manera; Su familia es inclusiva y tiene espacio para todos los que reciben y creen en el regalo de Dios. Mantengamos la esperanza de pertenencia en un mundo lleno de rechazo. Ganar confianza en nuestro sentido de pertenencia no es solo para hacernos sentir mejor; con ello viene el propósito de incluir a otras también.

Para concluir, el mundo tratará de convencernos de comprometernos a nosotras mismas para encajar, pero nuestro Padre Celestial nos llama a nunca comprometer quienes somos, permaneciendo firmes y inquebrantables en nuestra identidad como Sus hijas amadas. ¡Es hora de que comencemos a creer que pertenecemos a Alguien y a algo realmente increíble!

La Simple Verdad: ¡Tú perteneces!

Una oración sencilla: Querido Padre Celestial, gracias por adoptarme en Tu Familia y darme un lugar seguro de pertenencia eterna. Cada vez que me sienta insegura, como si no "encajara", ayúdame a recordar Tus Palabras y a ganar confianza sabiendo que siempre pertenezco a Ti. Amén.

CAPÍTULO CUATRO

Tú importas

¿Alguna vez te has sentido como si no tuvieras voz ni voto? ¿Alguna vez te has sentido ignorada, incomprendida, como si tus palabras cayeran en oídos sordos, que tu opinión no importaba, o que a nadie le importaba escuchar los gritos de tu corazón? ¿Alguna vez has alzado la voz con la esperanza de que alguien te escuche, o simplemente has dejado de hablar porque sabías que nadie estaba escuchando?

¿Alguna vez te has sentido invisible, como si los demás miraran a través de ti, sintieras que eras insignificante, o que no importabas?

Estos sentimientos conducen a la inseguridad y a la desesperanza. Es imperativo para nosotras saber que a alguien le importamos, saber que somos significativas, que somos vistas y escuchadas, y que nuestras vidas son validadas en los ojos de alguien más.

Mateo 10:29-31, "¿No se venden dos gorriones por una monedita? Sin embargo, ni uno de ellos caerá a tierra sin que lo permita el Padre. ³⁰ Él les tiene contados aun los cabellos de la cabeza. ³¹ Así que no tengan miedo, ustedes valen más que muchos gorriones".

¡Nuestro Padre Celestial se preocupa profundamente por ti! Ningún detalle de tu vida escapa a Su conocimiento. Él ve cuando tu corazón se está rompiendo y el dolor se está filtrando, y Su corazón llora por ti. Él ve cuando tu corazón está rebosante de alegría abundante, y sientes como si pudieras saltar tres metros en el aire, y Él se regocija contigo. La Escritura dice que Él conoce cada cabello de tu cabeza. Él presta gran atención a todo sobre ti. ¡Tú importas! ¡Eres significativa! ¡Eres vista! ¡Eres escuchada!

A lo largo de este capítulo notarás un sin fin de oraciones presentadas en cada una de las historias de las personas que estudiaremos. La oración es el acto de comunicarse con un Dios que te escucha.

Salmo 116:1, "Yo amo al SEÑOR porque él escucha mi voz de súplica".

La Biblia está llena de innumerables historias de personas como nosotras, que oraron para que Dios viera y escuchara sus clamores por misericordia, por Su ayuda e intervención. Dios los escuchó y les respondió de manera poderosa. Elizabeth y Zacarías oraron fervientemente por un hijo y fueron bendecidos con la paternidad de Juan el Bautista. Josué oró por más horas en el día para poder librar la batalla ante él, y Dios mantuvo el sol inmóvil en el cielo. Los Salmos están llenos de las oraciones sinceras de David, sus clamores para que el SEÑOR lo viera y derramara Su misericordia. Los Salmos también están llenos de las oraciones de agradecimiento de David, mientras relata todas las maneras en que Dios había escuchado y respondido sus clamores.

1. ¿Cómo te animan estos ejemplos a presentar ante el Señor tus propios deseos del corazón?

Personalmente, he clamado al SEÑOR en diferentes ocasiones, y por diversas razones. Independientemente de cómo y cuándo se respondan mis oraciones, sé sin lugar a dudas que Dios escucha cada una de ellas, y responde de acuerdo a Su perfecta voluntad, porque le importo a Él.

Él escucha cada una de tus oraciones también.

Vista y Escuchada

Veamos una historia especial que se encuentra en Génesis sobre una mujer que parecía no tener voz propia. Como veremos, todos los demás tomaron decisiones por ella. Sus necesidades fueron pasadas por alto, y sus deseos no parecían importar.

2. Por favor, lee **Génesis 16:1-15** y responde las siguientes preguntas.

a. ¿Qué pensamientos te vienen a la mente al leer la primera parte de la historia de Agar?

b. ¿Cómo trataron/maltrataron Abram y Saray a Agar?

c. ¿Qué decisiones se estaban tomando por Agar?

d. ¿Cómo crees que se sintió?

e. ¿Cómo respondió Agar a esa diferencia y abuso?

f. ¿Dónde encontró el ángel a Agar? ¿Cuáles fueron sus instrucciones para ella?

g. Registra las palabras de consuelo y aliento del ángel. ¿Qué promesas le entregó el ángel?

h. Después de su encuentro con el ángel, ¿qué nombre le da Agar al SEÑOR?

i. ¿Cómo se abrieron sus ojos al SEÑOR? ¿Qué dice ella sobre su propia "visión" de Él?

Independientemente de lo que llevó a Agar a este punto, ya sea las acciones de otros o sus propias actitudes, ahora se encontraba en necesidad de una intervención Divina sería.

La opinión de Agar fue silenciada. Otros tomaron decisiones por ella, nunca consultándola sobre el curso de su propia vida. Fue pasada por alto y abandonada por todos los que la conocían, pero Dios nunca la perdió de vista. Él escuchó sus gritos de miseria y envió a un ángel para venir en su ayuda. Nuestros gritos tampoco caen en oídos sordos; los oídos y ojos de Dios siempre están atentos a nuestras necesidades. Sin embargo, no basta con que Dios nos vea. Debemos abrir nuestros ojos para verlo, y reconocer y creer que Él nos ve. Gran confianza surge y nos equipa para enfrentar la vida cuando esta realización ocurre dentro de nosotras.

Después de ser visitada por el ángel, Agar, en fe y obediencia al SEÑOR, regresó al hogar de Abraham (Abram) y Sara (Saray). Agar dio a luz a su hijo y lo llamó Ismael como el SEÑOR le había indicado. Con el tiempo, 13-14 años después, Abraham y Sara fueron bendecidos con un hijo propio y lo llamaron Isaac, también según la voluntad del SEÑOR. A medida que la historia de Agar continúa, vemos que ella sigue siendo una mujer pasada por alto, y su hijo también es visto como insignificante.

3. Por favor, lee la segunda parte de la historia de Agar, que se encuentra en **Génesis 21:8-21** y responde las preguntas correspondientes.

a. ¿Qué pensamientos te vienen a la mente al leer la segunda parte de la historia de Agar?

b. ¿Había cambiado algo en las circunstancias de Agar? ¿La estaban tratando de manera diferente?

c. Vemos que Agar una vez más se encontró abandonada y sola en el desierto, pero esta vez con su hijo Ismael. Imagina cuán desesperada debió haberse sentido al mirar su situación, y cómo su corazón debió haberse roto por su preciado hijo. Reflexiona y escribe una descripción del alivio que debió haber sentido, ya que una vez más un ángel del SEÑOR fue enviado para rescatarla.

d. En el **versículo 21:17** se nos dice dos veces "Dios escuchó al niño llorar". ¿Qué consuelo te brinda esto respecto a tus propias lágrimas?

e. ¿Qué palabras de consuelo le dio el ángel a Agar sobre su hijo?

f. ¿Qué bendición fue revelada cuando Dios abrió sus ojos? ¿Notas la importancia de que no fue hasta que sus ojos se abrieron que pudo ver la bendición justo a su lado?

g. ¿Eres consciente de las bendiciones—a pesar de las circunstancias—con las que Dios te ha rodeado? Si es así, enuméralas. Si aún no eres consciente, pídele que abra tus ojos, mente y corazón para ver, recibir y apreciar lo que está justo a tu alrededor.

h. ¿Cómo ha obrado Dios, y dónde has visto Su mano moverse en tu vida?

Aunque parecía que toda esperanza estaba perdida, y las circunstancias eran demasiado difíciles de soportar, Dios escuchó los gritos de Agar y de su hijo. Dios nunca los dejó y estuvo proveyendo para ellos todo el tiempo en medio de sus circunstancias. Dios les dio promesas de esperanza para el futuro y promesas a las que podían aferrarse en ese mismo momento. Al igual que Agar, debemos elegir creer en las promesas que Dios nos da. También, como Agar y el pozo de agua fresca a su lado, nuestros ojos deben abrirse para que podamos notar las bendiciones de la acción y provisión de Dios a nuestro alrededor.

Los ojos del SEÑOR siempre están puestos en nosotros, y Él continuamente provee para nuestras necesidades, aunque no siempre de la manera que planearíamos o esperaríamos. Así que está atenta a tus bendiciones.

Oraciones Recibidas

4. Mientras lees esta colección de Salmos, escribe cada versículo y registra tus pensamientos sobre cada uno. Deja que se conviertan en oraciones personales al SEÑOR en tu momento de necesidad.

- **Salmo 4:1**

- **Salmo 34:7**

- **Salmo 6:9**

- **Salmo 17:6**

- **Salmo 66:20**

- **Salmo 141:2**

2 Crónicas 16:9, "El SEÑOR recorre con su mirada toda la tierra y está listo para ayudar a quienes le son fieles. De ahora en adelante tendrás guerras, pues actuaste como un necio».

5. Según **2 Crónicas 16:9**, ¿con qué propósito busca el SEÑOR la tierra?

Respuestas Rápidas

6. Los Salmos que acabamos de leer dejan muy claro que Dios escucha, recibe y actúa sobre nuestras oraciones. Por favor, lee **Daniel 9:20-23** y observa cómo las proclamaciones de los Salmos cobran vida en esta historia de Daniel.

   a. ¿Qué estaba haciendo Daniel?

   b. ¿Cuál fue la respuesta de Dios?

   c. ¿Qué le dijo el ángel a Daniel?

   d. ¿Cómo te sientes sabiendo que Dios actúa sobre tus oraciones?

Espero que hayas notado que mientras Daniel aún estaba en el proceso de orar, Dios envió a Su ángel, Su mensajero Gabriel, en respuesta a sus oraciones. Mientras las palabras de la oración aún estaban en los labios de Daniel, Dios había respondido con acción. Dios no pone nuestras oraciones en una pila en Su escritorio y dice que las atenderá más tarde. No finge estar escuchando mientras su mente está en otra parte. Nuestras oraciones importan a Dios. Nosotras importamos a Dios. Él está atento a nuestras necesidades y deseos.

Daniel 9:23, "Tan pronto como comenzaste a orar, hubo una respuesta que vine a decirte, porque eres muy apreciado. Presta, pues, atención a mis palabras, para que entiendas la visión."

Aunque las oraciones de Daniel fueron respondidas inmediatamente y de manera dramática en esta instancia, no debemos desanimarnos si las nuestras no son respondidas de la misma manera exacta. Por supuesto, preferiríamos que Dios respondiera así cada vez, pero en Su soberanía, a menudo no lo hace. Debemos recordar que Sus caminos y tiempos son los mejores, a pesar de lo que pensemos o sintamos. Aquí es donde entran la fe y la confianza: debemos creer que Dios es bueno, y que le importamos mucho. Él ve el pasado, presente y futuro, y todos los detalles que suceden detrás de escena que no conocemos. Por eso, necesitamos confiar en Su juicio y Su respuesta a nuestras oraciones. Puede que no cambie nuestras situaciones de la manera que nos gustaría, pero puede cambiar nuestros corazones y equiparnos para enfrentar nuestros desafíos.

Nunca Fuera de Su Alcance

Si alguna vez piensas que te has alejado demasiado de Dios para que te escuche, o que tu situación está más allá de la esperanza, piénsalo de nuevo. Veamos a alguien que se rebeló contra Dios y parecía estar en una situación extremadamente desesperada.

7. Por favor, lee estos fragmentos de la historia de Jonás y describe la escena. **Jonás 1:1-3; 2:1-2, 10**

    a. ¿Cuál es la mentalidad de Jonás en los **versículos 1:1-3**? ¿Cómo se refleja esto en sus acciones?

    b. ¿Alguna vez has huido de algo que sabías que Dios quería que hicieras? Si es así, ¿sentiste que Dios rechazaría tus oraciones si te dirigías a Él?

    c. ¿Te sorprende la atención y misericordia de Dios en respuesta a las oraciones de Jonás? ¿Por qué?

    d. Reflexiona y expresa cualquier consuelo o confianza que este ejemplo de Jonás te brinde.

Vemos que Dios dio a Jonás instrucciones específicas para seguir, pero Jonás decidió no obedecer a Dios y, de hecho, estaba huyendo, tratando de esconderse de Dios. En el proceso, se metió en muchos problemas. Jonás, en su situación desesperada, clamó por la ayuda y misericordia de Dios. Contrario a lo que podríamos esperar, que Dios dejaría a Jonás donde merecía estar, Dios respondió y le dio mucho mejor de lo que merecía. Dios escuchó a Jonás y lo salvó del abismo de la muerte y lo restauró a la vida.

Y de la misma manera, Dios siempre nos da mucho mejor de lo que merecemos; está dispuesto a rescatarnos de nuestra rebelión y restaurar nuestras vidas también.

De la historia de Jonás, queda muy claro que nunca estamos demasiado lejos, nunca estamos demasiado desesperados, y nunca estamos fuera del alcance de Dios. Sus ojos siempre están puestos en nosotros. Nuestra rebelión no cancela el amor y el cuidado que Dios tiene por nosotras. Él espera que nos apartemos de nuestra rebelión y clamemos a Él. Él es fiel para respondernos. Nos alcanza en lo más profundo de nuestro pecado y desobediencia y nos libera de ello. Jonás estaba confiado en el carácter del SEÑOR mientras oraba desde el vientre de un pez, bajo la superficie del océano, en las garras de la muerte.

Jonás 2:2, "Dijo: «En mi angustia clamé al SEÑOR, y él me respondió. Desde lo profundo de los dominios de la muerte pedí auxilio, y tú escuchaste mi clamor»".

Espero que la historia de Jonás también te llene de confianza. Recuerda siempre que nunca estás demasiado lejos de Dios para que Él te alcance. No importa dónde estés, no importa lo que hayas hecho, le importas a Dios.

Jesús, Nuestro Ejemplo

Jesús, nuestro ejemplo perfecto, oró al Padre, sabiendo que sus oraciones eran escuchadas. Oró a menudo: con otros y en soledad. Oró con agradecimiento en todas las situaciones. Jesús sabía que cuando su alma estaba abrumada de tristeza, era momento de orar. Él estaba seguro de que su Padre Celestial escuchaba sus oraciones, veía su corazón y tenía la capacidad de responder con poder.

8. Por favor, lee las siguientes Escrituras y registra tus percepciones sobre la vida de oración de Jesús.

- **Lucas 5:16**

- **Mateo 14:19-21**

- **Marcos 14:32-36**

- **Lucas 22:39-46**

a. ¿Por qué oraba Jesús? ¿Cuál era su motivo subyacente?

b. ¿Cómo describe Jesús al Padre en **Marcos 14:32-36**?

c. ¿Cuáles eran sus exhortaciones a los discípulos? ¿Por qué les animaba a orar?

Con Jesús como ejemplo, los discípulos reconocieron la importancia de la oración, y fue lo único que le pidieron que les enseñara: cómo orar.

Lucas 11:1, "Un día estaba Jesús orando en cierto lugar. Cuando terminó, dijo uno de sus discípulos: —Señor, enséñanos a orar, así como Juan enseñó a sus discípulos".

Jesús les presentó una nueva forma de oración, de clamar a su Abba, Padre, quien es tanto poderoso como accesible. No está distante, des involucrado ni desinteresado; por el contrario, nuestro Dios está muy cerca, muy involucrado y extremadamente interesado en cada aspecto de nuestras vidas. Marcos registró cómo Jesús oró antes de ir a la cruz: "Abba, Padre", dijo, "todo es posible para ti." (Marcos 14:36) Jesús lideró como nuestro ejemplo de fe y confianza, afirmando la Verdad absoluta de que Dios el Padre ve, escucha y se preocupa por todas nuestras oraciones.

Él Nos Busca

En **1 Reyes 19:3-13**, encontramos la historia de Elías. Venía de una gran victoria. Acababa de experimentar personalmente el poder de Dios; Dios lo había ayudado a derrotar milagrosamente al dios pagano Baal y a cientos de sus sacerdotes y profetas. Elías debería sentirse confiado en este punto, pero en lugar de eso, abrumado por el miedo, estaba huyendo por su vida. Se sentía solo y estaba listo para rendirse por completo. La fidelidad y el poder milagroso de Dios habían sido rápidamente olvidados. Elías había retirado su mirada de Dios, pero Dios no había retirado Su mirada de Elías.

9. Por favor, lee **1 Reyes 19:3-13** y responde a las siguientes preguntas.

a. ¿Qué revelan los **versículos 19:4, 10** sobre la mentalidad de Elías? ¿Cuáles son sus palabras exactas sobre su situación?

b. ¿Cómo usa Dios al ángel para satisfacer las necesidades de Elías mientras está en el desierto, esperando morir?

c. Observa que en el **versículo 19:4**, Elías "protestó ¡Estoy harto Señor! Quítame la vida". Hay algunas oraciones que Dios no responde como nos gustaría. No es porque a Él no le importa con nosotros, sino todo lo contrario: Si! A Él le importamos, y Él quiere lo mejor para nosotros. ¿Qué pensamientos vienen a tu mente?

d. Una vez que Elías se retira a la cueva, ¿cómo se le acerca Dios?

e. ¿Cuál es la pregunta de Dios para él?

f. ¿Reconoces la manera amable en la que Dios anima a Elías a recuperar su confianza? ¿Cómo te habla esto?

g. Cuando no fijamos la mirada en Dios, rápidamente olvidamos Su fidelidad y poder pasados en nuestras propias vidas. ¿Qué pasos puedes tomar para asegurarte de mantenerte enfocada en Él y seguir viviendo en la victoria que ha logrado para ti?

Como vemos, Elías estaba desanimado y a punto de renunciar a la vida. Huyó y se retiró a una cueva completamente solo, diciendo estas palabras: "Estoy harto, SEÑOR." Dios lo buscó y le habló en un susurro suave diciendo: "¿Qué haces aquí?" Dios sabía que con Su poderosa ayuda, Elías acababa de experimentar una gran victoria y le pregunta por qué ahora huía con miedo, cuando aún debería vivir con confianza.

Lo mismo es cierto para nosotros: podemos haber experimentado el poder milagroso y poderoso de Dios en nuestras propias vidas, pero en el momento en que la vida se vuelve difícil, nos desanimamos, perdemos el enfoque, nos rendimos y huimos en derrota, pero Dios nos busca continuamente. ¿Por qué? Porque le importamos. Él no se revela solamente de manera poderosa. A menudo viene con un suave susurro que necesitamos desesperadamente en nuestro momento de debilidad. No nos reprende. Con calma y amorosamente nos pregunta: ¿Qué haces aquí (inserta tu nombre) _____? ¿Por qué huyes de la vida y de Mí? Has visto Mi poder. Has sentido Mi amor. Volvamos juntos. Tú y Yo, para siempre.

Querida amiga, nunca huyas de Dios, en su lugar corre directamente hacia Él. Deja que Sus susurros suaves te llenen de confianza. Escucha Su voz y deja que ahogue tus miedos, siente el roce de Su mano mientras seca tus lágrimas silenciosas. Querida mía, que Dios te recuerde que Él siempre, siempre, siempre está muy, muy cerca.

Oraciones Destellantes

Una emoción tonta burbujea dentro de mí cada vez que me encuentro con la planta Diente de León y sus flores distintivas. Para mí, es una flor que representa esperanza. Cuando era niña, usaba esta flor para pedir deseos, pero a través de los años la he usado para hacer oraciones. Verás, hay una gran diferencia entre los deseos y las oraciones: los deseos se desvanecen sin rumbo en el viento, mientras que nuestras oraciones son llevadas en las alas de los ángeles hasta la sala del trono de Dios Todopoderoso. Cada vez que sostengo la flor de Diente de León entre mis dedos, me maravillo de cómo algo puede ser tan simple y, al mismo tiempo, tan maravillosamente complejo. Y al reflexionar sobre el hecho de que Dios hizo esta preciosa flor, me lleno de esperanza y confianza. Respiro hondo, lleno mis mejillas de aire y soplo con un poderoso ¡fiuuu!. Luego observo cómo los pequeños copos blancos y algodonosos flotan sin esfuerzo hacia el cielo, llevando mi acción de gracias, preocupaciones y oraciones hacia Dios, quien lo recibe todo.

La Biblia usa otras descripciones de nuestras oraciones llegando a Dios en Su trono.

Apocalipsis 8:2-4, "Y vi a los siete ángeles que están de pie delante de Dios, a los cuales se les dieron siete trompetas. ³ Se acercó otro ángel y se puso de pie frente al altar. Tenía un incensario de oro y se le entregó mucho incienso para ofrecerlo, junto con las oraciones de todo el pueblo de Dios, sobre el altar de oro que está delante del trono. ⁴ Y junto con esas oraciones, subió el humo del incienso desde la mano del ángel hasta la presencia de Dios."

Apocalipsis 5:8, "Cada uno tenía un arpa y copas de oro llenas de incienso, que son las oraciones del pueblo de Dios".

10. ¿Alguna vez has considerado que tus oraciones son un deleite para el SEÑOR, que son descritas como incienso, un aroma agradable que asciende ante el trono?

11. Al reflexionar sobre este capítulo, ¿con qué historia resuena más tu corazón? ¿Agar, Daniel, Jonás, Jesús, los discípulos o Elías? ¿Qué respuesta de Dios te anima más en este momento?

Siempre y En Todo

Efesios 6:18, "Oren en el Espíritu en todo momento, con peticiones y ruegos. Manténganse alertas y perseveren en oración por todos los creyentes".

1 Tesalonicenses 5:17, "Oren sin cesar."

Cualquier carga que pese en tu corazón, cualquier alegría que te haga sonreír, ¡ora sobre eso! Los oídos y ojos de Dios están atentos a cada detalle de tu vida. Puedes compartir tu carga y alegría aquí:

Como los Pájaros

Sentada afuera en el patio esta mañana, disfrutando de mi taza caliente de café con avellanas, noto una gran variedad de pájaros alegres revoloteando. Vuelan y saltan de árbol en árbol, y de arbusto en arbusto; corretean en la tierra, picoteando los trozos de semilla que encuentran. Cantan y gorjean con deleite mientras dejan que el sol dorado caliente sus pequeños cuerpos plumosos. Mientras observo su actividad matutina, un pensamiento curioso me viene a la mente... No tienen preocupaciones en el mundo (excepto quizás de un gato salvaje o un halcón del cual se tienen que proteger). Sus necesidades son provistas cada mañana. Dudo seriamente que se acuesten en sus nidos por la noche, desveladas con estrés y preocupaciones como lo hacemos los humanos. ¿Puedes imaginar a la mamá pájaro haciendo listas en su mente de todas las cosas que necesitará lograr al día siguiente? ¿Puedes imaginarla diciéndose a sí misma, "¿Veamos, tengo que levantarme temprano, recoger más ramitas para refrescar el nido, ir a buscar gusanos y regresar al nido antes de que los niños despierten, asegurarme de masticar bien los gusanos antes de alimentar a mis bebés..."? ¿Puedes imaginarla dejando que la preocupación por el futuro la abrume mientras trata de conciliar ese sueño y descanso? ¿Puedes imaginarla dejando que los pensamientos preocupantes se desborden en su mente, pensando algo como, "¿Qué pasa si me quedo dormida? ¿Qué pasa si no encuentro ramitas ni gusanos? ¿Qué pasa si uno de los niños se enferma? ¿Qué pasa si no aprenden a volar? ¿Qué haré cuando crezcan y dejen el nido? ¿Qué haré si nunca crecen y dejan el nido?" Sí, dudo seriamente que alguno de estos pensamientos las abrume por la noche. Es hora de tomar una lección de los pájaros y tener una buena noche de descanso. Preocuparse por el mañana solo roba tiempo y alegría preciosos del hoy. Cuando nuestra cabeza toca la almohada cada noche, es una muy buena idea recordarnos y agradecer a Dios por todo su cuidado y provisión de ese día. También sería sabio encontrar consuelo y paz al entregar todas las preocupaciones y el cuidado del día por venir; entregándolas a nuestro Padre Celestial, quien nunca duerme y continuamente vela por nosotros. No te preocupes, le importas a Dios.

A través de la oración y la petición, presenta tus preocupaciones al SEÑOR y confía en Él con tu vida y todo lo que implica.

Salmo 4:8, "En paz me acuesto y me duermo, porque solo tú, SEÑOR, me haces vivir confiado".

Mateo 6:25-27, »Por eso les digo: No se preocupen por su vida, qué comerán o beberán; ni por su cuerpo, cómo se vestirán. ¿No tiene la vida más valor que la comida y el cuerpo más que la ropa? 26 Fíjense en las aves del cielo: no siembran ni cosechan, ni almacenan en graneros; sin embargo, el Padre celestial las alimenta. ¿No valen ustedes mucho más que ellas? 27 ¿Quién de ustedes, por mucho que se preocupe, puede añadir una sola hora al curso de su vida?»

La Simple Verdad: ¡Tú importas!

Una Oración Sencilla: Querido Dios, gracias por verme y escucharme. Ayúdame a ganar confianza al saber que importo para Ti y que te preocupas por cada detalle de mi vida, los grandes y los pequeños. Que nunca me aleje de Ti. Que te busque con todo mi corazón y nunca me desvíe. Gracias por Tu interminable fidelidad hacia mí. Amén.

«Yo lo libraré, porque él me ama; lo protegeré, porque conoce mi nombre. ¹⁵ Él me invocará y yo le responderé; estaré con él en momentos de angustia, lo libraré y lo llenaré de honores. ¹⁶ Lo colmaré con muchos años de vida y le haré gozar de mi salvación». Salmo 91:14-16

Recuerda las veces que el Señor ha escuchado tus oraciones y ha actuado en tu favor. Tómate un momento para alabarlo por Su pronta respuesta. También puedes usar este espacio para abrir tu corazón y pedirle que te responda y te libere ahora:

CAPÍTULO CINCO

Eres Bella

Cuando Dios creó las aves y los peces, dijo: "Es bueno". Cuando hizo los animales de la tierra, dijo: "Es bueno". Cuando colocó las estrellas, la luna y el sol en los cielos, dijo: "Es bueno". Cuando te hizo a ti, una sonrisa de gran placer se extendió por su rostro, y dijo: "Es muy bueno". Dios no comete errores. Te hizo tal como eres, especial y única, diferente a cualquier otra persona. Deja que las palabras de Dios se hundan en tu corazón y mente y te den el ánimo y la confianza para ser ÚNICAMENTE TÚ hoy.

Génesis 1:31, "Dios miró todo lo que había hecho y consideró que era muy bueno".

1. Sabiendo que eres una de las creaciones de Dios, ¿cuál es tu reacción al hecho de que Dios dijo que toda su creación, "es buena"? ¿Crees que Él te llama su "buena" creación? ¿Es fácil o difícil para ti aceptar esto?

2. ¿Crees que Dios no comete errores? (Para que conste, Él no los comete. Nunca.) ¿Qué experiencias personales han llevado a tu opinión?

3. A menudo somos duras y críticas con nosotras mismas, notando cada defecto, deseando ser diferentes. Antes de continuar, me gustaría que te detuvieras por un momento, con el propósito de que ores y pidas al SEÑOR que te ayude a aceptar de todo corazón que eres su "buena creación", tal como eres.

Única

Nuestro mundo está lleno de una belleza asombrosa. Dondequiera que miramos, algo nuevo, majestuoso, hermoso y especial llama nuestra atención. La creación de Dios es increíble porque siempre es única, siempre intrigante. Incluso en las creaciones más simples, encontramos gran complejidad. Dios es el Artista Supremo, prestando mucha atención a los detalles intrincados y delicados de Su obra. A simple vista, es posible que no notemos las pequeñas distinciones de Su creación, pero al investigarlas más de cerca, descubrimos que cada una es excepcionalmente única.

Déjame explicar: si tomamos un viaje al zoológico, podemos ver jirafas o cebras que, desde nuestra perspectiva—de manera segura detrás de la cerca—parecen iguales. Todas las jirafas son altas, con cuellos largos, patas largas y manchas marrones que cubren sus cuerpos. ¿Sabías que las manchas de cada jirafa son irrepetibles? Ninguna es igual a otra en toda la creación. Lo mismo ocurre con las rayas de las cebras. En toda la creación, no hay dos cebras que tengan el mismo patrón exacto. Miremos los copos de nieve—¿alguna vez has atrapado un copo de nieve en tu lengua? De todos los incontables pequeños copos blancos que caen del cielo, ninguno es idéntico a otro. Dios usó la misma creatividad cuando te hizo a ti. Solo hay una de ti. Tus huellas digitales son exclusivas solo para ti, diferentes de cualquier otra persona que haya vivido. Dios no usa moldes de galleta para crear Sus obras. Algo se valora como especial porque no es muy común. Pensemos un hermoso retrato colgado en las paredes de un museo; se considera invaluable porque es una obra maestra única en su clase. Todas las reproducciones del original empalidecen en comparación. Lo raro y originalidad de la obra del artista es lo que constituye su valor.

Dios tiene una razón para hacerte exactamente como eres. ¡Eres creada de manera única por Él! ¡Eres una obra maestra inestimable! Intentar encajar en el molde de lo que el mundo considera perfecto—usar una cierta talla o marca de jeans, o llevar tu cabello de cierta manera—no te hace especial. Ser quien Dios te hizo ser te hace especial.

Sigues siendo una persona individual incluso si tienes una gemela idéntica. Dios no las agrupa a ambas juntas. Cada una es única, distinta y especial a Sus ojos.

Me he tomado la libertad de investigar la definición de un par de palabras relacionadas con tu especialidad. Las siguientes definiciones son según Merriam-Webster.com:

- **Individualidad**: Carácter total peculiar que distingue a una persona de las demás; existencia separada o distinta; individuo; persona
- **Originalidad**: La calidad o estado de ser original; fresco en aspecto, diseño o estilo; el poder del pensamiento independiente o la imaginación constructiva

Eres un individuo y un original. ¡Eres una obra de arte inestimable! Nuestro Padre Celestial te creó de una manera muy específica. Te tejió, punto por punto, con características únicas, rasgos, cualidades, personalidad, dones, talentos, apariencia, e incluso peculiaridades, para formar el paquete notable y completo que eres.

4. Por favor, lee el **Salmo 139:13-16** y responde las siguientes preguntas.

Salmo 139:13-16, "Tú creaste mis entrañas; me formaste en el vientre de mi madre. ¹⁴¡Te alabo porque soy una creación admirable! ¡Tus obras son maravillosas y esto lo sé muy bien! ¹⁵ Mis huesos no te fueron desconocidos cuando en lo más recóndito era yo formado, cuando en lo más profundo de la tierra era yo entretejido. ¹⁶ Tus ojos vieron mi cuerpo en gestación: todo estaba ya escrito en tu libro; todos mis días se estaban diseñando, aunque no existía uno solo de ellos".

a. ¿Qué es lo que más te destaca o te toca de estos versículos?

b. ¿Qué dos términos de costura se utilizan para describir la forma en que Dios te creó?

c. ¿Qué dos palabras describen cómo fuiste creada? **(Salmo 139:14)**

d. ¿Sabes "muy bien" que todas las obras de Dios, incluyéndote a ti, son maravillosas?

e. ¿Quién te estaba cuidando mientras estabas en el vientre de tu madre? **(Salmo 139:15-16)**

f. ¿Cuándo se dio cuenta Dios de ti? ¿Te había planeado? **(Salmo 139:16)**

g. ¿Estás comenzando a darte cuenta del cuidado tierno que Dios puso en crearte? ¿Cómo habla esto a tu corazón?

Basándonos en estas Escrituras Bíblicas, es obvio que no eres un accidente. Dios te planeó mucho antes de que el mundo comenzara. Tenía cada detalle preciso de ti trazado en Su mente. Mucho antes de que la tecnología del ultrasonido diera información a los ojos de los doctores y padres, tu Padre Celestial, el único que te vio en la quietud y seguridad aislada del vientre de tu madre, te formó amorosamente, mientras cuidadosamente tejía y entrelazaba tu ser. Eres una de las "obras" de Dios, y sus obras son "maravillosas". Espero que estés comenzando a creer esto "plenamente".

Según Biblehub.com, la Concordancia Exhaustiva NAS encuentra que el significado de la raíz hebrea de la palabra **"maravillosamente"** es: ser separado o distinto; distinguirse; hacer una distinción; apartar; maravillosamente, mostrar maravillosamente—¡esa eres TÚ! ¡Eres hecha maravillosamente!

Hermosas (im)Perfecciones

Las Escrituras nos dicen que somos hermosas, pero ¿siempre lo creemos? Si eres como yo, esto puede haber sido una lucha y una causa de inseguridad a veces. De niña pequeña tenía hermosos rizos suaves y rubios. A lo largo de la escuela primaria, mis dulces rizos se convirtieron en largas ondas dorado-marrones. Llevaba mi cabello en coletas, trenzas, moños, y a menudo simplemente caía suelto por mi espalda. Bueno, mi hermoso cabello duró hasta que llegué a la secundaria, cuando decidió volverse encrespado, indomable y simplemente enorme. En un momento dado, le rogué a mi madre que usara las tijeras de entresacar en mi cabello con la esperanza de domarlo, pero esto solo hizo que creciera más. Luego recurrí a un nuevo plan de ataque contra mis cabellos fuera de control. Comencé la rutina de tirar de mi cabello hacia atrás en una cola de caballo y seguí envolviendo más bandas hasta las puntas. Luego me ponía un gorro de invierno, todo con el propósito de aplanar mi cabello. Así es como me iba a la cama por la noche, esperando despertar con cabello sedoso y liso. No hace falta decir que no funcionó como esperaba. Gracias a los productos modernos para el cabello, estoy mejor equipada para aprovechar al máximo mis rizos. He llegado a apreciar el cabello que Dios me dio, y no pensaría en cambiarlo por nada diferente.

5. ¿Con qué áreas de tu apariencia luchas más? ¿Qué cosas causan más inseguridad?

6. ¿Alguna vez has hecho algo extraño, como usar un gorro para dormir, para afectar tu apariencia? ¿Funcionó como planeaste?

7. ¿Con el tiempo has llegado a aceptarte y apreciarte tal como eres? ¿O es esto una lucha actual? Explica.

Lo que vemos como imperfecciones, son simplemente belleza única. Dios te hizo a ti y a mí. Él no comete errores; crea una belleza incomparable en cada una de nosotras. Es hora de hacer las paces contigo misma y comenzar a apreciar la manera en que Dios te hizo.

Eclesiastés 3:11, "Dios hizo todo hermoso en su tiempo, luego puso en la mente humana la noción de eternidad, aun cuando el hombre no alcanza a comprender la obra que Dios realiza de principio a fin".

Hermosa Variedad

Mi vida está bendecida por muchas mujeres increíbles. Mi familia está llena de mujeres que han ayudado a formar lo que soy hoy: mi mamá, mis dos abuelas, mis hermanas, mi madrastra, mi suegra, mis cuñadas, mis tías, mis primas, mis sobrinas. Cada una ha contribuido a mi vida de una manera especial. Tengo muchas amigas queridas, incluyendo algunas que conozco desde la niñez y con las que comparto muchos recuerdos. Tengo un grupo de mujeres preciosas con las que me reúno semana tras semana en el estudio bíblico. Todas son únicas.

Cada vez que me siento en mi patio, rodeada de mis hermosas flores, recuerdo a cada una de las mujeres encantadoras en mi vida. A medida que mi mirada recorre el jardín, mis ojos se posan en las flores una por una; cada una es única y hermosa a su manera especial.

Están las robustas y rosadas, llenas y brillantes; las pequeñas y alegres de tonos anaranjados; las blancas y delicadas; los capullos amarillos apretados que aún esperan florecer. Hay una de color lavanda pálido-escondida entre todas. Cada flor tiene su propio color, forma, tamaño y fragancia. Dios, en Su soberanía creativa, las hizo a cada una diferente, pero igualmente hermosas. Mi esperanza es que cada mujer querida, algunas que conozco, otras que tal vez nunca conozca, llegue a celebrar su propia belleza, a darse cuenta de su propio valor tal como es, sin compararse con la mujer a su lado. Espero que se ame y se acepte tal como ha sido creada. Estoy muy contenta de que Dios haya puesto una variedad de flores en mi jardín, y estoy muy contenta de que haya puesto una amplia variedad de mujeres en mi vida. Cada una es una bendición hermosa para mí a su manera especial.

8. ¿Ves por qué la variedad es tan hermosa? ¿Notas la belleza única en los demás? ¿En ti misma? Explica.

9. La verdadera belleza no viene en una "talla, forma o color que le quede bien a todas". ¿Alguna vez has intentado encajar en el molde que la sociedad, a través de revistas, películas, comerciales, etc., impone a las mujeres? ¿Cómo te afecta este estándar, si es que te afecta?

Transformadas por Jesús

Cada una de nosotras es hermosa de una manera única. Dios tomó algunas características estándar y las cambió ligeramente, haciéndolas distintas en cada una de nosotras. Nuestros ojos, nariz, boca, orejas, tono de piel, pómulos, frente, mentón, forma y tamaño del cuerpo son lo que nos hace ver físicamente como lo somos. Dios juntó todas las piezas y nos hizo a ti y a mí. Él está muy complacido con la manera en que nos hizo.

Cualquiera que sea la apariencia física que Dios te ha dado, sabe que eres hermosa.

Dios es quien nos creó para que tengamos cierto aspecto; pero hay maneras en las que afectamos mucho nuestra propia belleza. No estoy hablando de maquillaje, estiramientos faciales, ropa, joyas ni nada de eso. Estoy hablando de nuestra actitud. ¡Sí, nuestra apariencia está muy influenciada por nuestra actitud!

¿Alguna vez has notado cómo la mujer más atractiva físicamente puede volverse instantáneamente fea si su actitud y comportamiento son groseros, duros u ofensivos? ¿O cómo una mujer con una apariencia más sencilla se vuelve instantáneamente asombrosamente hermosa a tus ojos, cuando muestra amabilidad, gentileza y gracia? La verdadera belleza irradia desde el interior.

A medida que caminamos con el Señor, el semblante de nuestro rostro cambia, reflejando la belleza de Jesús a quienes nos rodean. Somos aún más hermosas a medida que Él brilla a través de nosotras; somos hermosas con una belleza imperecedera que resiste las tormentas y no se ve afectada por la edad a lo largo de los años. La verdadera belleza viene desde lo más profundo. A medida que la amabilidad, la gentileza, la bondad y más, desbordan en nuestras vidas, nos volvemos más hermosas. Jesús es quien suaviza las líneas de nuestro rostro, desenfunda nuestro ceño, elimina nuestra mueca, reemplazándolas con un brillo en nuestros ojos, un rubor en nuestras mejillas y una curva ascendente en las comisuras de nuestros labios. Jesús es el Maestro de las transformaciones completas... por dentro y por fuera.

10. ¿Alguna vez has tenido la experiencia de ver a alguien transformarse ante tus ojos (para mejor o peor), solo porque abrió la boca o actuó de cierta manera? Explica.

11. ¿Alguna vez has conocido a alguien que irradiara belleza de adentro hacia afuera? ¿Alguien que brillara y resplandeciera debido a su relación con Jesús? Describe a esta persona.

12. Por favor, lee los siguientes versículos y anota lo que aprendes sobre la verdadera belleza.

- **1 Pedro 3:3**

- **Colosenses 3:12**

- **Proverbios 31:30**

- **Proverbios 16:31**

- **1 Timoteo 2:9-10**

Las Escrituras no dicen que no debes esforzarte en tu apariencia, o que usar un atuendo bonito o un collar sea malo. La Escritura solo nos advierte que pongamos nuestras prioridades en orden, preocupándonos más por las cosas que nos hacen bellas de adentro hacia afuera. Nuestra actitud y nuestro carácter afectan más nuestra belleza de lo que cualquier maquillaje podría hacer. Cuando te estés vistiendo por la mañana, asegúrate de ponerte (vestirte) con la actitud de Jesús.

13. ¿Cómo se comparan estas descripciones con la visión del mundo sobre la belleza? ¿Cómo se comparan con tu visión de la belleza?

Estoy segura de que has notado que la Palabra de Dios da un giro completo a la comprensión del mundo sobre la belleza. El mundo trata de convencernos de que la belleza solo se encuentra en la juventud, el glamour y la perfección; dice que la belleza debe ser ostentada, exhibida de manera obvia para que todo el mundo la vea, con ropa demasiado reveladora, como un medio para atraer atención. En cambio, Dios nos dice que la belleza, el valor, la dignidad y el mérito se encuentran en cada vida, sin importar la etapa o la edad, la forma o el tamaño. Se encuentran en nuestra actitud, y no tenemos que luchar contra el proceso de envejecimiento, sino aceptarlo. El cabello gris es un símbolo de belleza, un símbolo de sabiduría. Las arrugas son, simplemente, líneas gloriosas grabadas en nuestros rostros por la tristeza y la alegría, contando la historia de una vida bien vivida. Dios encuentra belleza en un espíritu tranquilo y apacible, en la modestia, en la sabiduría, en la rectitud, en la bondad y la compasión. Pide a Dios que te dé Su perspectiva sobre la verdadera belleza. Su tipo de belleza resiste la prueba del tiempo; no es una moda pasajera que va y viene en un abrir y cerrar de ojos.

Tu mejor accesorio es una sonrisa cálida y genuina.

Completamente Hermosa

Cantares 4:7, "Toda tú eres bella, amada mía; no hay en ti defecto alguno".

Existen algunas interpretaciones sobre el significado del libro "Cantares". La mayoría de los Eruditos coinciden en que el libro encapsula la relación apasionada entre un novio—el Rey Salomón—y su novia. Las Escrituras también se dice que revelan la belleza y la santidad del matrimonio entre cada esposo y esposa a los ojos de Dios. Otra interpretación sirve como una alegoría del amor del SEÑOR por la nación de Israel. Para nuestros propósitos aquí, representará un mensaje del amor de Cristo por Su novia—la iglesia, en su conjunto—y por cada una de nosotras individualmente. Esta narrativa relata la historia del amor de Cristo, cómo nos ha buscado, nos ha cortejado, nos ha cautivado y nos ha atraído a una relación eterna con Él mismo. El libro está lleno, de principio a fin, de generosos cumplidos y alabanzas de nuestro Rey hacia nosotras.

14. Por favor, lee el libro de **Cantares (de Salomón)—sí, los 8 capítulos completos**—y responde las siguientes preguntas. **Presta especial atención a los versículos 1:15; 4:1, 7, 9; 6:4; 7:6.** Todas las partes habladas por el Amado son el rey refiriéndose a su amada esposa.

a. Me doy cuenta de que el lenguaje puede diferir de lo que normalmente estamos acostumbradas a escuchar, pero ¿la descripción de un amor tan expresivo y extravagante te hace sonrojar? ¿Por qué?

b. Dado que esta historia es una imagen de los sentimientos de Dios hacia ti, ¿cómo te sientes al saber que dejas a Dios sin aliento?

c. ¿Cómo respondes a la atención de los demás? ¿Te hace sentir incómoda? ¿Desvías la atención hacia otras personas?

d. ¿Qué tan bien recibes los elogios o halagos? ¿Los aceptas con facilidad y gracia? ¿o los ignoras? Al responder, ¿te menosprecias ya sea en serio o en broma?

Cada página del libro "Cantares" está llena de descripciones apasionadas de la belleza de la novia—de pies a cabeza—y expresiones de la adoración del rey hacia ella. El rey está cautivado por su novia. En ocho cortos capítulos, la llama hermosa ocho veces.

¡Así es como Dios se siente acerca de ti!

Ámate A Ti Misma

En Mateo 22:37-38, Jesús fue preguntado cuáles eran los mandamientos más importantes para nosotras, y —"Ama al Señor tu Dios con todo tu corazón, con toda tu alma y con toda tu mente" —respondió Jesús—. ³⁸ Este es el primero y el más importante de los mandamientos".

En la mayoría de los comentarios y sermones, se destaca el amor a Dios y al prójimo en este intercambio, y con buena razón: estos son los mandamientos que Jesús nos ha dado para seguir, y de los cuales fluirá toda vida piadosa. Pero he encontrado que hay un tema subyacente a menudo pasado por alto: Jesús dijo que debemos amar a nuestros prójimos como a nosotros mismos, lo que trae consigo la suposición de que en realidad nos amamos a nosotras mismas. Creo que a veces es más fácil para nosotras apreciar y amar a los demás que siquiera tolerarnos a nosotras mismas. Miramos a los demás y pensamos, ella es tan bonita, tan amable, tan talentosa, tan organizada… y así sucesivamente. ¿Aplicamos alguna vez estos pensamientos generosos y bondadosos a nosotras mismas? Ya es hora de que empecemos a mostrarnos un poco de gracia y comencemos a vernos como especiales, en lugar de ser nuestras peores críticas. ¡A partir de ahora, determinemos vencer nuestra autoimagen negativa, elevar nuestra baja autoestima, reemplazar nuestra autocrítica, dejar de ser excesivamente autocríticas y cesar de intentar ser alguien más!

Dejemos de enfocarnos en nuestros defectos e imperfecciones, y simplemente apreciemos quiénes somos y cómo Dios nos ha hecho.

15. Sé que para muchas de ustedes esta próxima tarea será extremadamente difícil y dolorosa—como sacarse un diente—pero me gustaría que hagan una lista de todo lo que las hace especiales. Esto no se considera ni significa que te estés jactando y presumiendo de ti misma; esto es presumir, exaltar de la "obra maravillosa" de Dios. Hagan una lista de tantas cosas como puedan. Incluyan detalles sobre su belleza, características únicas, rasgos, cualidades, personalidad, dones, talentos, apariencia, e incluso peculiaridades que conforman el paquete especial y completo de ustedes. Tómense su tiempo—llenen el espacio, continúen en la próxima página—y luego agradezcan a Dios por hacerlas tal como las hizo.

Espacio para alabar a Dios por *Su maravillosa* creación:

1 Corintios 6:19-20, "¿Acaso no saben que su cuerpo es templo del Espíritu Santo, quien está en ustedes y al que han recibido de parte de Dios? Ustedes no son sus propios dueños; [20] fueron comprados por un precio. Por tanto, glorifiquen con su cuerpo a Dios".

El acto de amarnos y apreciarnos a nosotras mismas como la hermosa creación de Dios significa que también respetamos y cuidamos de nosotras mismas como Su creación. En lugar de ser autoconscientes, vamos a estar atentas—conscientes de cómo cuidar óptimamente de este cuerpo que Dios nos ha bendecido. Queremos sacar lo mejor de lo que se nos ha dado, alimentando nuestros cuerpos con comida nutritiva, estando activas, descansando adecuadamente y tomándonos el tiempo para cuidarnos—y no sentirnos culpables.

No te obsesiones con tu apariencia y tu imagen corporal, pero tampoco te descuides ni te des por sentado. Ámate y cuídate—de esta manera honrarás a Dios. Tómate el tiempo para nutrir tu cuerpo, mente y espíritu con cosas beneficiosas.

16. Ahora me gustaría que hagan una lista de todas las maneras en que planean comenzar a amarse y cuidarse a sí mismas. Pasos que puedas seguir:

La Simple Verdad: ¡Eres hermosa!

Una oración sencilla: Mi Querido Creador Amoroso, Tú pensaste mucho en cómo fui formada. Ayúdame en apreciar la manera única y especial en que me hiciste, y a verme a través de Tus ojos—hermosa. Amén.

CAPÍTULO SEIS

Tú Tienes Propósito

El propósito fundamental y primordial de Una Hija del Rey es amar, servir y honrar a Dios; y, en el proceso amar, bendecir e impactar a quienes nos rodean. Este propósito mayor se manifestará de manera diferente en cada una de nuestras vidas individuales. Las palabras no pueden describir la increíble alegría que inunda nuestro corazón cuando encontramos nuestro propósito en Dios.

Proverbios 20:5, "El propósito humano es como aguas profundas; el que es inteligente lo descubrirá".

He escuchado a demasiadas mujeres decir que no son buenas en nada: que no están calificadas o que no son útiles. Eso simplemente no es verdad. Es una mentira del enemigo destinada a mantenernos alejadas de cumplir nuestro potencial dado por Dios. Cada una de nosotras está única y especialmente calificada con nuestros talentos y dones espirituales para hacer algo de gran propósito. No es solo lo que podemos hacer, sino lo que podemos hacer con Dios trabajando en nosotras y a través de nosotras. Él es quien nos llama y nos equipa para los trabajos, tareas y ministerios que tenemos por delante. Si decimos que no somos buenas en nada, estamos desestimando la "buena creación" de Dios, y prácticamente llamándolo mentiroso. Pero recuerda quién es el verdadero mentiroso: Satanás.

Cada una de nosotras es un tesoro a los ojos de Dios.

Según Merriam-Webster.com, la definición de **TESORO** es *algo o alguien de gran valor, alguien amado o apreciado profundamente*: ¡esa eres TÚ!

Tu identidad no es lo que *haces*. Tu identidad, costo y valor se encuentran en quién *eres*: eres una hija de Dios, y Él ha dado a Sus hijas la capacidad de hacer cosas buenas. Deja de enfocarte en tus debilidades y comienza a mirar tus fortalezas; allí encontrarás una salida para tu propósito supremo.

1. ¿En qué eres buena? No seas tímida; haz una lista de todo lo que se te ocurra.

2. ¿Qué disfrutas hacer?

No necesitamos buscar una expresión grandiosa y descomunal de nuestro propósito; solo debemos poner mirar lo que se nos da de manera natural: cosas en las que somos buenas, cosas que nos gusta hacer, cosas que están en nuestro corazón y las cosas y personas a las que ya tenemos acceso. Es así de simple.

Dios no usa a personas perfectas; Él usa a personas dispuestas.

Dios usa nuestras experiencias, nuestra educación (no solo la de la escuela), nuestras pasiones, nuestra esfera de influencia y nuestros talentos para impactar al mundo que nos rodea.

Experiencias

Tu vida está llena de experiencias que te han ayudado a formarte en la persona que eres hoy. Lo bueno, lo malo y todo lo intermedio. Dios toma todo eso y lo usa para avanzar con propósito. Lo he dicho antes: nada se desperdicia. Tu historia y experiencias moldean y forman tu corazón, tus sensibilidades, tus metas y motivan tus respuestas y acciones.

Tu historial de vida puede ayudarte a relacionarte con los demás a un nivel más profundo. Muchos ministerios se inician como resultado de la familiaridad personal de alguien: he estado allí, he pasado por eso, lo he vivido, ahora déjame ayudarte. Los testimonios con mayor impacto son aquellos que se asemejan a tu propia historia. Tus propias experiencias pueden ser usadas para cultivar compasión en ti y luego ser utilizadas para animar a otras personas que están atravesando lo mismo.

Experiencias difíciles de primera mano: pérdida, dolor, divorcio, abuso, adicción, etc. Satanás desearía que estas dificultades negativas nos mantuvieran en esclavitud, alejadas de la vida abundante que Dios tiene para nosotras y también impedirnos tener un impacto positivo en el mundo. El enemigo pretende hacernos daño y volvernos ineficaces mediante nuestras pruebas, pero si se lo permitimos, Dios usará estas pruebas para cumplir Su gran propósito. No dejes que Satanás gane permitiéndole mantener su dominio sobre ti: tus experiencias personales pueden ser usadas para el bien si las entregas al cuidado perfecto de Dios. Deja que Dios use tus experiencias para hablar sanación, vida, ánimo, esperanza y alegría en la vida de los demás.

Romanos 8:28, "Ahora bien, sabemos que Dios dispone todas las cosas para el bien de quienes lo aman, los que han sido llamados de acuerdo con su propósito".

3. Por favor, lee los siguientes versículos respecto a esta verdad y toma nota de lo que aprendes.

- **Génesis 50:20**

- **Jeremías 31:13**

- **2 Corintios 1:3-4**

4. ¿Qué experiencias difíciles puedes entregar a Dios y permitirle usar para cumplir Su gran propósito en tu vida y en la vida de los demás?

A veces, ser simplemente observadora de la experiencia de otra persona provoca una respuesta con propósito de nuestra parte, al ver su necesidad, su dolor, su pobreza o su sufrimiento. Podemos ser llamadas a actuar en ese mismo momento: vemos la necesidad inmediata y la satisfacemos, en ese preciso instante. Hay otras ocasiones en las que ser testigo de la necesidad de otra persona enciende un fuego en nuestro corazón, despierta una pasión y se desarrolla en una misión y propósito a largo plazo.

Isaías 1:17, "¡Aprendan a hacer el bien! ¡Busquen la justicia y restituyan al oprimido! ¡Aboguen por el huérfano y defiendan a la viuda!".

5. ¿Alguna vez has observado la experiencia de otra persona y te has sentido impulsada a actuar en su nombre? Describe.

Compartir lecciones de vida a través de la mentoría es otra forma de usar nuestras experiencias con el propósito de beneficiar a los demás. Simplemente significa compartir el conocimiento y la sabiduría que hemos adquirido a lo largo de nuestras propias vidas: nuestros caminos sabios y nuestros errores, con el propósito de animar, enseñar y aconsejar a otra persona. La mentoría es liderar con ejemplo, usando nuestras vidas para el propósito de Dios.

6. Por favor, abre tu Biblia para leer lo que **Tito 2:3-5** dice sobre la mentoría. Escribe este versículo y toma nota de tus observaciones.

7. Haz una lista de algunas experiencias de vida que crees que Dios quiere que compartas para animar a otras mujeres y ayudarte a fortalecer tu propio sentido de propósito en Su reino.

Educación

En nuestra cultura, el curso oficial de educación comienza el primer día de jardín de infancia y continúa hasta la graduación de la escuela secundaria. Algunos niños comienzan su educación uno o dos años antes en preescolar, y otros, como adultos, continúan su educación en la universidad y la escuela de posgrado. Algunos evitan la ruta tradicional y, como yo, van a una escuela técnica. Esto se ha convertido en el estándar general, pero no todos caen en esta categoría. Algunas de las personas más sabias que he conocido nunca pasaron de la secundaria en su educación formal. Verás, no toda la educación ocurre dentro de las paredes del aula. Gran parte de nuestro aprendizaje ocurre en otros lugares: nuestras experiencias, nuestras conversaciones, nuestras observaciones, viajes, las noticias, libros, televisión, revistas, internet y, lo más importante, la Biblia. Estas diversas formas de aprendizaje se convierten en una educación integral. No dejes que un diploma o certificado, o la falta de ellos, dicte tu valor o propósito. Dios usa todo.

Proverbios 24:3-4, "Con sabiduría se construye la casa; con inteligencia se echan los cimientos. 4 Con buen juicio se llenan sus cuartos de bellos y extraordinarios tesoros".

8. ¿Qué formas de educación han impactado más la manera en que piensas, vives y ves el mundo?

Deseos

No dejes que la inseguridad te detenga de perseguir las pasiones que Dios ha puesto en tu corazón. Rehúsa escuchar cualquier voz que diga, "Esa es una idea tonta." Fue mi deseo—puesto ahí por Dios—escribir este libro. No es algo para lo cual estoy especialmente calificada, pero seguí la guía de mi corazón. Si algo está presionando en tu corazón, te animo a que lo investigues, veas a dónde lleva y lo sigas. ¡Puede que te lleves una agradable sorpresa con el resultado! Tu responsabilidad es actuar con fe y obediencia a lo que sea que Dios ponga en tu corazón y te llame a hacer, y luego confiar en Él con los resultados.

Salmo 37:4, "Deléitate en el SEÑOR y él te concederá los deseos de tu corazón".

9. Nombra un deseo/pasión que está en tu corazón en este momento. ¡Es hora de actuar sobre ello!

Círculo de Influencias

El hogar, trabajo, escuela, tu vecindario, el supermercado. Tienes un propósito justo donde estás. Extiende tus brazos y al final de tus dedos encontrarás tu esfera de influencia. No tienes que viajar a los confines de la tierra para hacer una diferencia, a menos que, por supuesto, seas llamada a hacerlo. ¡Puedes tener un impacto justo donde estás! Las personas que te rodean te necesitan en sus vidas. Hazte disponible y luego obedece las indicaciones del SEÑOR.

Ester 4:14, "Si ahora te quedas absolutamente callada, de otra parte vendrán el alivio y la liberación para los judíos, pero tú y la familia de tu padre perecerán. ¡Quién sabe si precisamente has llegado al trono para un momento como este!".

La reina Ester comenzó su vida como una chica judía ordinaria, pero Dios la elevó a la posición de reina, dándole acceso para influir en las decisiones de su esposo, el rey Asuero. Como resultado, salvó a los judíos que vivían en cautiverio bajo el dominio persa de la aniquilación inminente. Tuvo un gran impacto en su círculo de influencia cotidiana. Tú también puedes. Puedes hacer una diferencia en la vida de tu familia, amigas, compañeras de trabajo, compañeras de ministerio e incluso en la vida de completas desconocidas que encuentres. Observa las vidas que ya tocas regularmente y allí encontrarás tu propósito.

10. Describe tu actual círculo de influencia. ¿En la vida de quién planeas impactar positivamente?

Habilidades y Talentos

¿Tienes un estilo especial, facilidad o aptitud para ciertas cosas? ¿Tienes una mente para los números, una manera natural con las palabras, una habilidad para la organización, un ojo agudo para la decoración, una aptitud para los idiomas, un talento para los instrumentos musicales, el arte, el canto o el baile, o eres una experta en la cocina? Dios ha puesto dentro de cada uno de nosotros algunas habilidades naturales, ciertas cualidades y talentos que se nos dan más fácilmente, que Él quiere incorporar en nuestro propósito. ¿Hay algo que disfrutes hacer, algo que se te dé naturalmente o algo que te interese particularmente? Te animo a pensar fuera de la caja. ¡Lo que sea que te venga a la mente, te animo a que lo persigas! Hay un uso para cada habilidad y talento que tienes dentro de ti; solo puede estar esperando ser descubierto. Si deseas fortalecer tus capacidades, talentos o habilidades con alguna formación formal, ¡te animo a que lo hagas! Inscríbete en una clase, toma lecciones en línea, expande tus horizontes y desarrolla el crecimiento de las habilidades y talentos que Dios ya te ha otorgado. ¡Ten confianza en la habilidad que Él te ha dado! Luego, utiliza tus y talentos otorgados por Dios para bendecir a los demás.

Éxodo 31:3, "y lo he llenado del Espíritu de Dios, de sabiduría, inteligencia y capacidad creativa."

Así como Dios, en el tiempo de Moisés, dio a su pueblo las habilidades para construir Su "Tienda de Encuentro", Dios es quien nos da las habilidades y capacidades para las tareas que nos confía.

11. ¿Qué viene a tu mente como tu habilidad natural? ¿Qué paso de acción puedes tomar para fortalecerla?

12. ¿Cómo puedes usar tus talentos y habilidades para bendecir a los demás?

Siempre Cambiante

Nunca llegas a un punto en el que ya no eres útil o dejas de tener un propósito. Tu propósito puede evolucionar, pero nunca termina.

Mi propósito general y constante en esta tierra es amar y glorificar a Dios, pero más allá de eso, Dios también me ha dado otros propósitos a lo largo del camino. Estos otros propósitos han crecido y cambiado a lo largo de mi vida hasta ahora, y sin duda continuarán haciéndolo. He dedicado gran parte de mi vida a mi matrimonio y a criar a nuestros dos maravillosos hijos. Pasé muchos años limpiando narices, leyendo cuentos antes de dormir, cantando canciones de cuna, viendo a Barney el dinosaurio púrpura y a Las pistas de Blue, conduciendo el "carpool", animando en eventos deportivos. Todo culminó cuando limpié mis propias lágrimas de profundo orgullo al ver a cada uno de mis hijos caminar por el pasillo y recibir su diploma de secundaria. Anticipar sus días de graduación a veces me llenaba de inquietud, mientras me preguntaba, "¿Cuál será mi propósito ahora?" Con ellos dejando el nido y viviendo lejos de casa, ¿qué haría? El miedo y la duda de que estaba perdiendo mi propósito comenzaron a aparecer. Entregué estos pensamientos a Dios y Él me mostró que no había perdido mi propósito, solo estaba cambiando un poco. Tenía razón, todavía tengo MUCHO propósito en mí. Saliendo del otro lado de la duda, puedo decirte con confianza que *nunca pierdes tu propósito.*

Éxodo 9:16, "Pero te he dejado con vida precisamente para mostrarte mi poder y para que mi nombre sea proclamado por toda la tierra".

13. ¿Alguna vez has tenido que dejar ir un propósito? ¿Fue fácil o difícil? ¿Confías en que Dios quiere que sigas adelante y que tiene un nuevo propósito para ti? ¿Estás lista para recibirlo?

Así como nunca somos demasiado viejas o dejamos de tener impacto, tampoco somos nunca demasiado jóvenes para ser usadas para el mayor propósito de Dios.

1 Timoteo 4:12, "Que nadie te menosprecie por ser joven. Al contrario, que los creyentes vean en ti un ejemplo a seguir en la manera de hablar, en la conducta, en amor, fe y pureza".

Dones

1 Corintios 12:4-6, "Ahora bien, hay diversos dones, pero un mismo Espíritu. ⁵ Hay diversas maneras de servir, pero un mismo Señor. ⁶ Hay diversas funciones, pero es un mismo Dios el que hace todas las cosas en todos."

Cada uno de nosotros nace con una tendencia hacia ciertas habilidades y talentos que pueden crecer y desarrollarse en nosotros a través del entrenamiento. Las Escrituras nos dicen que nacemos de nuevo en el momento en que recibimos a Jesús como nuestro Salvador, y en ese mismo instante somos bendecidos con el Espíritu Santo: el Espíritu de Dios viene a habitar en nosotros, sellándonos como hijos de Dios. Cuando el Espíritu Santo viene a tomar residencia en nuestras vidas, Él viene con dones: dones espirituales. Estos son dones que no podemos ganar, y que no podemos aprender. Nos son dados por la gracia de Dios para ayudarnos a cumplir nuestro propósito dado por Dios en la iglesia. Todos las que conocemos a Jesús como Salvador hemos sido bendecidos con dones espirituales: ¡eso te incluye a ti!

14. Por favor, abre tu Biblia y lee todo el **capítulo 12 de 1 Corintios** para aprender más sobre el Espíritu Santo y los dones espirituales que recibimos del SEÑOR.

a. ¿Qué nos inspira el Espíritu Santo a decir acerca de Jesús? **(verso 12:3)**

b. En los **versículos 12:4-6**, la palabra "diversas" se usa tres veces. Enumera a qué se refiere.

c. A pesar de las diferencias, ¿qué tienen en común todos los dones? **(versos 12:4-6)**

d. ¿Con qué propósito se dan los dones? **(verso 12:7)**

e. En los **versículos 12:8-10**, encontramos una lista de dones espirituales que se distribuyen dentro del cuerpo de Cristo. Escríbelos aquí.

f. ¿Quién hace la distribución? **(verso 12:11)**

g. ¿Qué ejemplo usa Pablo para transmitir su punto de que cada don es igualmente importante y útil en el cuerpo de Cristo? ¿Deja esto claro que no importa qué don tengas, tienes tanto propósito como cualquiera en el cuerpo?

h. Según **1 Corintios 13:1-13**, ¿cuál es "el camino más excelente" que une todos los dones y los mantiene funcionando adecuadamente?

15. Por favor, lee los siguientes versículos para obtener más información sobre los dones espirituales: otros dones que no se mencionaron en **1 Corintios 12**, la razón por la que se nos dan los dones espirituales y cómo debemos usarlos.

- **Romanos 12:1-8**

- **Efesios 4:11-16**

Me encanta la exhortación que se encuentra en **Romanos 12:6-8**. Me recuerda a un comercial de artículos deportivos, como si Pablo estuviera diciendo: "¡Cualquiera que sea tu don, úsalo! Deja de preocuparte por lo que tienen los demás y usa los maravillosos dones que Dios te ha dado". Usa tu don bien, úsalo con alegría, úsalo en unidad con otros para que el cuerpo de Cristo pueda crecer más fuerte junto y "alcance la medida completa de la plenitud de Cristo".

Efesios 4:16, "Por su acción todo el cuerpo crece y se edifica en amor, sostenido y ajustado por todos los ligamentos, según la actividad propia de cada miembro".

El cuerpo de Cristo está destinado a trabajar junto. Ya sea que estés detrás de escena o en el escenario, ¡eres una parte necesaria!

Puedes o no tener una idea o convicción de cuáles son los dones que has recibido. Aquí hay algunas pistas para ayudarte: tal vez eres especialmente sensible al dolor y sufrimiento de los demás; podrías tener el "don de misericordia". Si a menudo sientes el impulso de dar a los demás, podrías tener el "don de dar". Si siempre eres la primera en levantarte y ofrecer una mano de ayuda, posiblemente tengas el "don de servicio". Si encuentras que los demás son frecuentemente atraídos hacia ti para recibir consejo piadoso, probablemente tengas el "don de sabiduría". Estoy segura de que ya entiendes la idea.

Si en este momento no estás segura, hay exámenes en línea que pueden ayudarte a descubrir tus dones. Después de responder una serie de preguntas, la encuesta reducirá los resultados para revelar tus áreas de fortaleza. Después de descubrir cuáles son tus dones, es momento de desenvolverlos, apreciarlos y usarlos. Un don que nunca se abre o se usa es, pues, inútil. Abre tu don y deja que te equipe para cumplir tu propósito dentro de la iglesia.

16. ¿Tienes una idea de cuáles son tus dones? Si es así, ¿cuál es? ¿Ya lo estás usando?

Dones en Desarrollo

Encontrar nuestro propósito en la iglesia puede suceder de manera bastante natural; me sucedió a mí. Cuando mi primer hijo era un niño pequeño, lo dejaba cada semana en su clase de escuela dominical, y cada semana me daban una etiqueta con un número que correspondía con el que estaba pegado en la espalda de mi hijo. En caso de emergencias: llantos, pañales sucios, y demás, llamaban a los padres mostrando tu número en la pantalla al frente del santuario. Así que, cada semana dejaba a mi pequeño, y tomaba asiento en la iglesia esperando no ver mi número aparecer, pero semana tras semana, sí lo hacía. Parece que mi hijo estaba experimentando un poco de ansiedad por separación de mí, así que cada semana me levantaba de mi asiento y encontraba el camino a su clase, donde me quedaba el resto del servicio. Rápidamente me convertí en una "ayudante" en el salón de los niños de dos años. Esta fue mi primera incursión en el ministerio. Luego comencé a servir alternativamente en el salón de recién nacidos para estar también con mi hijo menor. A medida que mis hijos crecieron y avanzaron a Kindergarten, luego a 1er grado, 2do grado y así sucesivamente, yo avanzaba junto con ellos. Me inscribí para ser voluntaria en sus clases un par de veces cada mes. Luego me expandí y me convertí en líder de AWANA cada miércoles por la noche. Me gradué al rol de maestra encargada para el servicio del sábado por la noche de 4/5to grado. Luego, por un tiempo ayudé en el salón de la escuela secundaria, y fue en ese momento cuando oré para que Dios me mostrara mi nuevo propósito dentro de la iglesia. Oré fervientemente para que Él me hiciera crecer, me usara y "ensanchara mi territorio".

1 Crónicas 4:10, "Jabés rogó al Dios de Israel: «Bendíceme y ensancha mi territorio; ayúdame y líbrame del mal, para que no padezca aflicción». Y Dios le concedió su petición".

Muy pronto después, me pidieron enseñar una clase en el ministerio de mujeres de nuestra iglesia, donde todavía sirvo hoy. Dios ha continuado haciéndome crecer exponencialmente a través del privilegio de servir a Sus mujeres y a Su iglesia. Estoy haciendo cosas que nunca hubiera soñado posibles, pero con los dones, equipamiento y oportunidades que he recibido de Dios, estoy cumpliendo Su propósito para mí.

Ves, no tenía ninguna cualificación especial, aparte de estar dispuesta y lista para responder al llamado de Dios. Él literalmente me llamó mostrando mi número en la pantalla.

Por mí misma, soy solo un vaso débil y vacío, ¡pero con Dios soy mucho más! Y tú también lo eres.

2 Corintios 4:7, "Pero tenemos este tesoro en vasijas de barro para que se vea que tan sublime poder viene de Dios y no de nosotros".

17. ¿Últimamente, se te han presentado nuevas oportunidades de ministerio? ¿Te aparecieron en la pantalla? Ora por la guía de Dios.

Solo porque siempre has estado involucrada en un área de ministerio hasta ahora, no significa que ahí es donde Dios quiere que te quedes para siempre. Sé abierta al cambio, evolucionando siempre en tu servicio siguiendo el camino que Dios tiene para ti. Mantén tu área de servicio de manera flexible; después de todo, realmente no te pertenece a ti, le pertenece al SEÑOR. Servir no está destinado a ser una carga, y no está destinado a ser para tu gloria, sino para la gloria del SEÑOR. Estamos destinados a experimentar Su alegría mientras servimos con Él, en Su ministerio.

Ejemplos de Mujeres en el Ministerio

1 Corintios 15:58, "Por lo tanto, mis queridos hermanos, manténganse firmes e inconmovibles, progresando siempre en la obra del Señor, conscientes de que su trabajo en el Señor no es en vano".

18. A través del Nuevo Testamento encontramos ejemplos de mujeres que tenían propósito y valor, y contribuyeron grandemente al ministerio de Jesús. Por favor, lee algunas de sus historias abriendo tu Biblia en las Escrituras a continuación. Mira si puedes identificar su papel/propósito en el ministerio y anota lo que has encontrado en el espacio proporcionado.

- **Lydia: Hechos 16:13-15, 40**

- **Tabita (Dorcas): Hechos 9:36-43**

- **Priscila: Hechos 18:24-26**

Superposición de Habilidades, Talentos y Dones Espirituales

Muy a menudo, nuestras habilidades, talentos y dones espirituales se superponen a medida que seguimos el propósito diario que Dios nos ha dado.

Por ejemplo, a lo largo de mi vida he sido peluquera de oficio y Dios ha usado mi habilidad para hacer que las mujeres se vean hermosas por fuera. Sin embargo, al combinarla con mis dones espirituales de misericordia y sabiduría, también he tenido la oportunidad de ayudar que se sientan hermosas por dentro. He escuchado sus historias, les he ofrecido un oído compasivo y confío en haber brindado un consejo centrado en Cristo. Más de una vez, he tenido la oportunidad de orar con mis clientas al final de sus citas, enviándolas con un poco más de paz y esperanza que cuando llegaron. Tengo propósito.

Lydia, cuya historia acabas de leer en **Hechos 16**, nos da un ejemplo de una mujer que usó lo que Dios le había dado para bendecir a otros. Era una mujer financieramente exitosa: era comerciante de telas púrpuras caras, y compartió sus recursos con el cuerpo de Cristo. Sus humildes dones de servicio, generosidad y fe, se reflejaron a través de su generosa hospitalidad al recibir al cuerpo de Cristo en su casa como base. Ella tenía propósito.

En **Hechos 9**, aprendimos que Tabita "siempre estaba haciendo el bien y ayudando a los pobres". Sus amigos también mencionaron que ella regularmente hacía túnicas y ropas que, sin duda, daba a los necesitados. Tabita usó su habilidad para coser, junto con sus dones de misericordia, servicio y generosidad para bendecir a la comunidad y al cuerpo de Cristo. Ella tenía propósito.

Al leer la historia de Priscila en **Hechos 18**, notamos que ella también abrió su casa a un hermano en Cristo, y junto con su hospitalidad, usó su "don de enseñanza" para explicar la completa Verdad de Jesús y Su mensaje de salvación. Ayudó a equipar a Apolos para su futuro ministerio. Ella tenía propósito.

Dios nos ha bendecido a cada una de nosotras con habilidades especiales, talentos y dones con los cuales podemos servirle. Hay innumerables maneras únicas e individuales en que Dios nos equipa. Cada una de nosotras tiene algo especial dentro de si que Dios quiere usar para bendecir a otros y traer gloria a Él mismo, ya que Él es el dador de todos nuestros buenos dones. Así que, tómate un tiempo esta semana para pedirle a Dios que te revele cualquier talento o don que Él te haya dado y que quiera que comiences a compartir con otros. Podría ser tan simple como llamar a una amiga que Dios ponga en tu corazón, porque Dios sabe que eres una buena oyente y te ha dado el "don de misericordia".

19. ¿Reconoces alguna manera en que tus habilidades, talentos y dones se superpongan en el cumplimiento de tu propósito? Describe.

Ofrecer Hospitalidad: Un Cumplimiento de Tu Propósito

20. Me gustaría que leyeras algunos versículos sobre la "hospitalidad". Aunque no está oficialmente catalogada como un "don", hay mucho que podemos aprender sobre su propósito en nuestras vidas. Anota lo que aprendas de cada uno.

- **1 Timoteo 5:10**

- **Romanos 12:13**

- **Hebreos 13:2**

- **1 Pedro 4:9**

- **3 Juan 1:8**

Propósito en la Vida Cotidiana

21. Por favor, lee **Proverbios 31:10-31**, y mientras lo haces, me gustaría que reemplazaras la palabra "esposa" con la palabra "mujer" porque estas virtudes aplican a mujeres de todas las situaciones, ya sea que estés casada o tengas hijos. No importa para nuestro propósito aquí. Te ofrezco esta Escritura no como una lista inalcanzable y abrumadora de todo lo que deberías estar haciendo, sino en cambio para mostrarte que el propósito valioso se encuentra en nuestra vida cotidiana: nuestros hogares, nuestra familia, nuestro trabajo, nuestras tareas, nuestras palabras.

    a. Escribe tus observaciones aquí. ¿Qué versículo te habla más fuertemente?

22. Por favor, lee **Colosenses 3:17** para obtener más información sobre tu servicio. Toma nota de lo que descubras.

No te presiones para ser perfecta, y simplemente sirve cuándo, cómo y dónde el SEÑOR te ha equipado y colocado.

Cosechadora

Creciendo, a veces escuchaba a la gente mencionar el significado de sus nombres. Algunos tenían significados hermosos que envidiaba. Verás, mi nombre completo es Tracy Ann y el significado es 'cosechadora, llena de gracia'. Cuando era más joven, pensaba que sonaba insípido y convencional. Con el tiempo he llegado a apreciar enormemente el hermoso y extraordinario significado de mi nombre.

Durante muchos años, he intentado cultivar naranjas y limones, y cada año me emocionaba ver cómo las flores blancas se transformaban en pequeñas bolitas verdes de fruta bebé. Se suponía que madurarían hasta convertirse en frutas de tamaño completo, pero, inevitablemente, todas caían al suelo. Me alegra informar que mi pulgar verde parece estar mucho mejor últimamente. Tengo cuatro árboles frutales que están prosperando esta temporada. Mi árbol de nectarinas me produjo un gran tazón de fruta jugosa y dulce este verano. He ampliado mis cítricos para incluir un árbol de mandarinas, además del naranjo y el limonero. Estoy muy contenta de decir que las pequeñas frutas verdes han permanecido en sus ramas y están creciendo en lo que espero sea una abundante cosecha de golosinas saludables y deliciosas. Mi mayor logro este verano fue cosechar un suministro desbordante e inagotable de tomates y calabacitas verdes. Nuestra planta de tomate, que crece vigorosamente, me ha proporcionado suficientes tomates para grandes tazones de salsa fresca y ollas llenas de salsa de pasta casera. La calabacita verde parece ser del período Jurásico. Nunca he visto calabacitas tan grandes en toda mi vida, y siguen apareciendo. Las uso en sopas, con pasta, en platos con huevo, etc.

Parece que estoy viviendo a la altura de mi nombre y lo disfruto enormemente. Sembrar, regar y cuidar las plantas es un trabajo muy gratificante. El tiempo invertido vale la pena. Ver crecer la fruta, cosecharla y disfrutar los frutos de mi trabajo es una bendición maravillosa.

Sin embargo, he descubierto que la mejor parte de tener el nombre de "Cosechadora" es que, como hija de Dios, estoy llamada específicamente a ser una cosechadora, no de frutas, sino de personas. Dios quiere que yo y todos Sus seguidores sembremos semillas de amor que estén "llenas de gracia" y el mensaje de Jesús dondequiera que vayamos. Es maravilloso ver cómo las vidas se transforman, cómo otros se vuelven hacia Dios y Él hace que sus vidas florezcan en algo hermoso. Soy bendecida al ser llamada Su cosechadora, y oro para estar siempre llena de Su gracia.

Tengo un propósito en el Reino de Dios. Tú tienes propósito en el Reino de Dios. Él nos llama a cada una de nosotras a convertirnos en cosechadoras para Su Reino, sembrando semillas de Su verdad, regando con Su amor y luego ayudando a traer la cosecha de personas cuyos corazones buscan un lugar al cual llamar hogar. Las cosechadoras dan la bienvenida a otros al Reino de Dios.

Mateo 9:37-38, «La cosecha es abundante, pero son pocos los obreros —dijo a sus discípulos—. ³⁸ Por tanto, pidan al Señor de la cosecha que envíe obreros a su campo».

Santiago 3:18, "En fin, el fruto de la justicia se siembra en paz para los que hacen la paz".

Oro para que tu corazón sea conmovido con la realización de que eres una cosechadora bendecida y hermosa en el Reino de Dios. Eres salvada: Por Su amor, Por Su poder, Para Su propósito.

La Simple Verdad: ¡Tienes Propósito!

Una Oración Sencilla: Querido Padre Celestial, ayúdame a apreciar las formas únicas en que me has equipado para Tu propósito, no para envidiar lo que otros hacen o tienen, sino para abrazar mi propio llamado. Muéstrame cómo usar mejor mi vida para bendecir a otros y traerte gloria, honor y alabanza. Amén.

CAPÍTULO SIETE

Eres Fuerte

Filipenses 4:13, "Todo lo puedo en Cristo que me fortalece".

La inseguridad surge del miedo y a Satanás le encanta jugar con nuestros temores: el temor de no ser amadas, deseadas, o no atractivas; el temor al rechazo; temor al abandono; temor de no ser capaces; temor de no ser lo suficientemente fuertes. Estos temores nos mantienen justo donde Satanás quiere que estemos: débiles, vulnerables, paralizadas, ineficaces.

He escuchado el término "paralizada por el miedo" muchas veces en mi vida, pero no fue hasta que experimenté este fenómeno de primera mano que pude comprender cuán real es esta afirmación.

Mi familia había hecho un viaje a las montañas por el fin de semana. Recientemente había estado nevando y la montaña estaba en condiciones óptimas para esquiar y hacer snowboard. Mi esposo es un esquiador muy hábil, y nuestros dos hijos son snowboarders atrevidos y valientes. Yo, por otro lado, soy una eterna principiante en el esquí. Mi miedo a caer y a sentir dolor me mantendrá en las "pistas para principiantes" para siempre, y no tengo problema con eso. Disfruto quedarme en mi pequeña colina que en realidad se llama "Patio de la Escuela" (School Yard). Cuando los niños eran más pequeños, se quedaban conmigo en la pista para principiantes la mayor parte del día y luego se aventuraban un poco en una aventura más desafiante con su papá. Hoy día hacen todo lo contrario: pasan la mayor parte del día en la cima de la montaña con su padre, y de vez en cuando, bajan para checar si estoy bien, haciendo una o dos bajadas amablemente con su querida madre ya mayor.

En este viaje en particular mis chicos me persuadieron para que los acompañara en una pista diferente, ligeramente más avanzada, y fue entonces cuando conocí personalmente el miedo paralizante. Habíamos llegado a la mitad de la colina cuando llegamos a una sección que para mí parecía una caída vertical. Me detuve en seco. Mientras mi familia me animaba a seguir, me quedé allí literalmente congelada: nada se movía excepto mis ojos mientras escaneaba la escena buscando una salida. Oré y lloré, y por más que intentaba en moverme, no podía mover un músculo. A este punto, mi esposo y mis hijos ya me habían rebasado y, sin poder hacer mucho por ayudarme, continuaron hasta el fondo de la montaña. Un transeúnte trató de ayudarme, pero creo que mi casi histeria lo asustó. La siguiente cosa que supe fue que mi esposo apareció a mi lado. Había llegado al fondo de la pendiente, se había vuelto a subir al telesilla, que lo llevó de vuelta a la montaña para que pudiera esquiar hasta el lugar donde yo estaba. Mi gran y fuerte esposo había venido a rescatarme y guiarme a un lugar seguro. Me ayudó a levantarme (para este momento ya estaba sentada en la colina) y luego me hizo ponerme detrás de él con mis esquís colocados entre los suyos. Planeaba esquiar conmigo hasta el fondo de la montaña. Me dijo que me agarrara y mantuviera mis esquís alineados con los suyos. Mi esposo mide 1.96 metros y estando detrás de él no podía ver nada delante de mí. Tampoco tenía control de a dónde iba. Simplemente confiaba en él para llegar a salvo al fondo de la colina. Recuerdo abrazarlo por la cintura y el olor de su ropa recién lavada. Recuerdo el gran alivio que sentí al ver el paisaje pasar de reojo. Recuerdo pensar que él era mi héroe. Había bajado valientemente la montaña y no fue porque tuviera fe en mi propia habilidad. Fui valiente porque tenía fe en la habilidad de mi esposo y en el amor que él tiene por mí.

Por mucho que mi esposo haya sido mi héroe ese día, Dios es mi verdadero Héroe todos los días. Mis miedos paralizantes se vencen a medida que confío en Él para que me libere de manera segura... en, a través y fuera de cada situación que pueda enfrentar. La habilidad de Dios y de Su amor por mí, calman mis temores. Dios dice: "Agárrate de mí, te sostengo. En Mí encontrarás valentía y fuerzas."

Salmo 63:8, "Mi alma se aferra a tí; tu mano derecha me sostiene".

Dios es Fuerte

1. Somos valientes debido a Aquel en quien hemos puesto nuestra fe. Por favor lee los siguientes versículos y toma nota de lo que cada uno revela sobre la fortaleza de Dios.

- **Deuteronomio 3:21-24**

- **Isaías 40:25-26**

- **Sofonías 3:17**

Dios es Fiel

2. Nuestra fe es construida en Alguien que es fiel. Por favor lee las siguientes Escrituras para aprender más sobre la fidelidad de Dios. Toma notas sobre cada referencia.

- **Deuteronomio 7:9**

- **Salmo 36:5**

- **Isaías 25:1**

- **2 Timoteo 2:13**

Fortalecidas en el SEÑOR

Cuando la vida se pone difícil, a menudo tratamos de reunir fuerzas para superar la situación, pero rápidamente nos agotamos bajo el peso de todo. A veces buscamos apoyo en otros para encontrar la fortaleza que nos impulse hacia adelante—esto ayuda a corto plazo, pero ellos también eventualmente se debilitarán. Jesús es Aquel con los brazos fuertes que necesitamos para llevarnos adelante; su fuerza nunca flaquea, nunca se debilita y nunca falla.

Somos tan fuertes como Aquel en quien depositamos nuestra fe.

3. Por favor busca los siguientes versículos y toma nota de tus observaciones.

- **Salmo 27:14**

- **Salmo 31:24**

- **Salmo 73:26**

- **Salmo 68:35**

A lo largo de las páginas de la Escritura, encontramos historias de individuos ordinarios—como tú y yo—que hicieron cosas extraordinarias debido al Dios que los fortaleció. David, un simple pastor, derribó al temido gigante Goliat con una sola piedra. El poder de Dios estaba trabajando en él. Moisés, en un momento inseguro y asustado, se convirtió en un individuo decidido y seguro que llevó a la nación de

Israel a la libertad y a la Tierra Prometida. El poder de Dios estaba trabajando en él. Pablo, un fiel siervo del SEÑOR, fue golpeado, encarcelado, burlado, naufragado, azotado, hambriento y dejado por muerto, sin embargo, proclamó con alegría las Buenas Nuevas de Jesús hasta su último día en la tierra y sus enseñanzas están impactando a millones hasta hoy. El poder de Dios estaba trabajando en él. Dios fortaleció a cada uno de estos individuos a través de algunos obstáculos enormes y Él puede fortalecerte a ti también.

Deuteronomio 31:6, "Sean fuertes y valientes. No teman ni se asusten ante esas naciones, pues el SEÑOR su Dios siempre los acompañará; nunca los dejará ni los abandonará".

El Gran Poder de Dios

Efesios 1:15-23, "Por eso yo, por mi parte, desde que me enteré de la fe que tienen en el Señor Jesús y del amor que demuestran por todos los creyentes, ¹⁶ no he dejado de dar gracias por ustedes al recordarlos en mis oraciones. ¹⁷ Pido que el Dios de nuestro Señor Jesucristo, el Padre glorioso, les dé el Espíritu de sabiduría y de revelación, para que lo conozcan mejor. ¹⁸ Pido también que les sean iluminados los ojos del corazón para que sepan a qué esperanza él los ha llamado, cuál es la riqueza de su gloriosa herencia entre pueblo santo, ¹⁹ y cuán incomparable es la grandeza de su poder a favor de los que creemos. Ese poder es la fuerza grandiosa y eficaz ²⁰ que Dios ejerció en Cristo cuando lo resucitó de entre los muertos y lo sentó a su derecha en las regiones celestiales, ²¹ muy por encima de todo gobierno y autoridad, poder y dominio, y de cualquier otro nombre que se invoque, no solo en este mundo, sino también en el venidero. ²² Dios sometió todas las cosas al dominio de Cristo y lo dio como cabeza de todo a la iglesia. ²³ Esta, que es su cuerpo, es la plenitud de aquel que lo llena todo por completo".

4. Respecto a **Efesios 1:15-23**, por favor, responde las siguientes preguntas.

a. ¿Qué palabras se usan para describir el poder de Dios?

b. ¿Qué autoridad tiene el poder de Cristo? ¿Sobre qué está por encima?

c. ¿Cómo se exhibió el poder de Dios en Cristo?

d. ¿Para quién más está funcionando este poder?

e. ¿Cuáles son las bendiciones de su poder en nosotras?

¡Estas Escrituras deben alentarnos más allá de toda creencia! El mismo poder increíble que resucitó a Jesús de entre los muertos y lo colocó—vivo, bien y glorificado—en autoridad sobre todo en el cielo y en la tierra, ¡está trabajando para nosotras! Este poder nos ilumina para entender y conocer mejor al SEÑOR; nos permite experimentar la esperanza de nuestra posición eterna ahora y para siempre.

¡Conocer el poder de Dios es algo asombroso!

Para Nosotras, en Nosotras, a Través de Nosotras

¡Somos fuertes no por lo que podemos hacer, sino porque Dios puede hacer por nosotras, en nosotras y a través de nosotras!

2 Corintios 12:9-10, "pero él me dijo: «Te basta con mi gracia, pues mi poder se perfecciona en la debilidad». Por lo tanto, gustosamente presumiré más bien de mis debilidades, para que permanezca sobre mí el poder de Cristo. ¹⁰Por eso me regocijo en debilidades, insultos, privaciones, persecuciones y dificultades que sufro por Cristo; porque, cuando soy débil, entonces soy fuerte".

- **Por nosotras**: Su poder nos salvó del pecado, la muerte eterna y la condenación. Su poder nos trajo perdón, vida eterna y libertad.
- **En nosotras**: Su poder nos renueva, vigoriza, refresca y fortalece. Su poder nos da una nueva perspectiva, una esperanza fresca, una confianza audaz. Su poder nos cambia de adentro hacia afuera.
- **A través de nosotras**: Su poder nos equipa para impactar a la familia, amigas y al mundo que nos rodea.

En la fuerza de Jesús y a través del poder del Espíritu Santo podemos:

- Vencer el pecado
- Perdonar a otros
- Perdonarnos a nosotras mismas
- Mantenernos firmes en nuestras convicciones
- Enfrentar la persecución
- Perseverar triunfantemente

- Soportar el dolor y el sufrimiento
- Resistir la tentación
- Amar a personas difíciles
- Controlar nuestra lengua
- Conquistar el miedo
- Calmar la ansiedad
- Salir de la depresión
- Cambiar nuestro pensamiento negativo
- Liberarnos de la adicción
- Transformar una mala actitud
- Dejar ir la amargura
- Experimentar sanación
- Obedecer al SEÑOR
- Permanecer victoriosas
- Etc.

Su poder provee todo lo que necesitamos para la vida diaria.

Cuanto más busquemos, conozcamos y creamos en Dios—tomémoslo en Su Palabra—y permitamos que Su Espíritu nos tome, más Su fuerza podrá edificarnos y equiparnos para el viaje.

2 Pedro 1:3, "Su divino poder, al darnos el conocimiento de aquel que nos llamó por su propia gloria y excelencia, nos ha concedido todas las cosas que necesitamos para vivir con devoción".

5. ¿Cómo pueden la fuerza y el poder de Dios ayudarnos con cada uno de los puntos mencionados arriba?

6. ¿Qué frase de la lista destaca como el área en la que más necesitas el poder de Dios en este momento? Puedes crear la tuya propia.

7. ¿En qué áreas ya has experimentado la ayuda del poder de Dios?

Efesios 3:20-21, "Y al que es poderoso para hacer infinitamente más de lo que pedimos o imaginamos, según el poder que actúa en nosotros, a él sea la gloria en la iglesia y en Cristo Jesús por todas las generaciones, por los siglos de los siglos. Amén".

La Batalla le Pertenece al SEÑOR

Hay una guerra que ruge a nuestro alrededor. Es una guerra invisible, una guerra espiritual. Satanás es el instigador, iniciador y la fuerza maligna y rebelde detrás de esta guerra. En su terrible orgullo, se ha enfrentado a Dios Todopoderoso, Jesucristo y a todos los seguidores de Jesús. El propósito de Satanás es evitar que la gente acepte a Jesucristo como su Salvador y reciba la vida eterna. Si has aceptado a Cristo, entonces ya has ganado la guerra y estás segura y protegida en las manos de Dios por toda la eternidad. Aunque estamos del lado ganador, aún enfrentaremos ataques. Tenemos la opción de elegir el papel que desempeñaremos en las batallas en curso: la víctima indefensa o la poderosa guerrera que realmente somos en Cristo. Los ataques vendrán de diversas formas—físicas, espirituales, emocionales, mentales. Satanás sabe que nuestro destino eterno está asegurado, pero quiere interrumpir y destruir nuestra vida diaria haciéndonos sentir derrotadas. Quiere que nos sintamos de todo menos fuertes. Desesperadamente quiere desviar nuestro enfoque de Dios y robar la gloriosa vida abundante que nos pertenece en Cristo.

Dios siempre gana y la guerra con Satanás no es la excepción. Estamos en el lado ganador. Deja que esa Verdad penetre y te llene de confianza.

Deuteronomio 28:7, "El SEÑOR te concederá la victoria sobre tus enemigos. Avanzarán contra ti por un camino y huirán de ti por siete caminos".

8. Por favor lee los siguientes versículos que describen la batalla y toma nota de tus observaciones.

- **Salmo 140:7**

- **1 Pedro 5:8-9**

- **Juan 10:10**

- Juan 16:33

- Santiago 4:7

- 2 Tesalonicenses 3:3

- 1 Corintios 4:20

La Armadura de Dios

Efesios 6:10-18, "Por último, fortalézcanse con el gran poder del Señor. ⁱⁱ Pónganse toda la armadura de Dios para que puedan hacer frente a las artimañas del diablo. ¹² Porque nuestra lucha no es contra seres humanos, sino contra poderes, contra autoridades, contra potestades que dominan este mundo de tinieblas, contra fuerzas espirituales malignas en las regiones celestiales. ¹³ Por lo tanto, pónganse toda la armadura de Dios, para que cuando llegue el día malo puedan resistir hasta el fin con firmeza. ¹⁴ Manténganse firmes, ceñidos con el cinturón de la verdad, protegidos por la coraza de justicia ¹⁵ y calzados con la disposición de proclamar el evangelio de la paz. ¹⁶ Además de todo esto, tomen el escudo de la fe, con el cual pueden apagar todas las flechas encendidas del maligno. ¹⁷ Tomen el casco de la salvación y la espada del Espíritu, que es la palabra de Dios. ¹⁸ Oren en el Espíritu en todo momento, con peticiones y ruegos. Manténganse alertas y perseveren en oración por todos los creyentes".

9. Según **Efesios 6:10-18**, aprendemos que Dios nos ha equipado con Su armadura espiritual permitiéndonos mantenernos victoriosas en nuestras batallas diarias contra el enemigo. Por favor responde a las preguntas relacionadas.

a. Enumera las piezas de la armadura y escribe tu entendimiento de cada una.

b. ¿De quién es la armadura que estamos usando?

c. ¿Cómo nos ayuda la armadura?

d. ¿Qué palabras de acción se usan para describir nuestra parte en el uso de la armadura?

e. ¿Por qué crees que el "Cinturón de la Verdad" es el primer artículo que se pone?

f. Según el **versículo 6:18**, ¿cuál es el componente adicional, pero vitalmente importante que se nos anima a usar en nuestra batalla?

Vamos a echar un vistazo más de cerca a nuestra armadura. Cada pieza individual tiene una función única, pero se superpone y se entrelaza con todas las demás.

El Cinturón de la Verdad

La verdad nos marca como hijas de Dios, diferentes del mundo. Ponerse el cinturón de la verdad significa que nuestra vida está construida y basada en lo que Dios dice sobre cualquier cosa y todo. La verdad de Dios es inmutable, firme, sólida y eterna. Su verdad trae estabilidad a nuestras vidas ya que no se basa en nuestras emociones, sentimientos, deseos, perspectivas cambiantes, ni en lo que la sociedad dice que es verdad. Su verdad es objetiva, santa, pura, buena y perfecta. Ponerse el cinturón de la verdad significa anclar nuestra vida a la perspectiva y estándar de Dios, y juzgar todo lo demás en consecuencia. El enemigo estaría encantado de desviarnos de la verdad—siempre está dispuesto a alimentarnos con una mentira. Si alguna vez te sientes insegura acerca de cuál es la verdad, simplemente abre tu Biblia para recordártelo. El cinturón de la verdad es el primer artículo que nos ponemos, y la verdad a la que están ancladas todas las otras piezas.

Juan 14:6, "—Yo soy el camino, la verdad y la vida —contestó Jesús—. Nadie llega al Padre sino por mí".

10. ¿Qué mentiras has estado creyendo?

11. ¿Necesitas ajustar tu perspectiva para que coincida con la verdad de Dios? ¿Cómo planeas hacer esto?

La Coraza de Justicia

La justicia es la aplicación práctica de la verdad en nuestras vidas—vivir nuestra nueva identidad en Cristo con pureza y justicia, alineando nuestras vidas con la santidad de Dios. El pecado no controlado es como agujeros en nuestra armadura—un lugar dejado indefenso, abierto y vulnerable. El pecado es una invitación abierta para que el enemigo ataque. Vivir correctamente sella nuestra armadura, haciéndola impenetrable, eliminando oportunidades de arrepentimiento, vergüenza y condenación.

Levítico 19:2, "que hablara con toda la asamblea de los israelitas y dijera: «Sean santos, porque yo, el SEÑOR su Dios, soy santo".

12. ¿Qué agujeros en tu armadura (pecado) necesitan ser sanados?

13. ¿Qué pasos de acción puedes tomar para sellar esos agujeros?

El Calzado del Evangelio de la Paz

A través de la muerte, sepultura y resurrección de Jesucristo tenemos paz con Dios—eso es el evangelio (las Buenas Nuevas) en pocas palabras. Los obstáculos del pecado, la muerte y la condenación se eliminan de nosotros para siempre. Tenemos una línea directa de comunicación con nuestro Padre Celestial. Jesús ha eliminado la enemistad y la hostilidad que previamente nos mantenían alejadas de Él—tenemos paz con Dios. A través de Jesucristo también se nos ha otorgado la bendición adicional de la paz de Dios. Tal vez te preguntes cuál es la diferencia en esta mínima variación de redacción. Bueno, en pocas palabras, la paz de Dios es la paz que supera todo entendimiento humano. Es una certeza asentada dentro de nuestra alma de que todo va a estar bien, a pesar de nuestras circunstancias actuales. A Satanás no le gusta nada más que ponernos nerviosas y traer caos a nuestros corazones y mentes, pero con la paz de Dios estamos equipadas para mantenernos firmes y sin ser sacudidas por los eventos y problemas que nos atacan. Nuestra paz con Dios y la paz de Dios nos equipa para salir y compartir Su mensaje de paz con el mundo caótico que nos rodea.

Filipenses 4:7, "Y la paz de Dios, que sobrepasa todo entendimiento, cuidará sus corazones y sus pensamientos en Cristo Jesús".

14. ¿Has hecho las paces con Dios a través de Su Hijo, Jesucristo?

15. ¿Cómo puedes aprovechar la paz de Dios en tu vida diaria?

16. ¿Con quién puedes compartir el mensaje de la paz de Dios?

Escudo de la Fe

La fe es creer y actuar conforme a la Verdad de Dios (de ahí el dicho, "dar un paso en fe"). Es confiar en la capacidad de Dios y en Su Palabra. La fe es creer lo que Dios dice por encima de lo que podemos ver: es ver lo posible en lo imposible. Una mentalidad de fe no deja espacio para la preocupación o el miedo. Una mentalidad de fe debe ser elegida de manera intencional y continua. La fe es afirmar que, si Dios lo dice, entonces debe ser verdad. La falta de fe es el mayor obstáculo para la vida abundante que Dios tiene para cada una de nosotras; por eso Satanás constantemente susurra nociones de duda. El escudo de la fe apaga todos los dardos encendidas de duda que el enemigo nos dispara.

Salmo 84:11-12, "El SEÑOR es sol y escudo; Dios nos concede honor y gloria. El SEÑOR no niega sus bondades a los que se conducen con integridad. ¹² SEÑOR de los Ejércitos, ¡dichosos los que en ti confían!".

17. ¿Está la falta de fe obstaculizando tu caminar con el SEÑOR? ¿Te está impidiendo vivir la vida abundante que Él tiene para ti? Si sientes que te falta fe, quiero que sepas que no hay vergüenza en pedirle a Dios que aumente tu fe en Él y te dé el valor para dar un paso adelante. De hecho, hay un precedente para esta petición en **Marcos 9:24**, que te animo a leer.

Casco de la Salvación

La salvación representa quién somos en Cristo: salvadas y redimidas, renovadas y libres, hijas de Dios. El casco de la salvación protege nuestra mente de las mentiras sobre nuestra identidad que intentan infiltrarse y destruirnos. Satanás desea enormemente que olvidemos quiénes somos realmente y todos los beneficios que se nos han otorgado. Si olvidamos que somos hijas del Rey y que tenemos acceso a los recursos celestiales de Dios, Satanás definitivamente tendrá ventaja sobre nosotras. La salvación no es solo de lo que somos liberadas (la ira y el juicio de Dios), sino también hacia lo que somos llamadas: una vida libre y abundante aquí en la tierra y una vida eterna y gloriosa en el Cielo.

Gálatas 5:1, "Cristo nos libertó para que vivamos en libertad. Por lo tanto, manténganse firmes y no se sometan nuevamente al yugo de esclavitud".

18. ¿Qué mentiras has estado creyendo sobre tu identidad?

19. ¿Cómo está la Palabra de Dios cambiando esa creencia?

20. ¿Crees que Dios vino a liberarte de la esclavitud de la duda?

Espada del Espíritu (la Palabra de Dios)

La espada del Espíritu es un arma tanto defensiva como ofensiva, que podemos usar con confianza para enfrentar cualquier ataque y las mentiras del enemigo. Cada vez que nos hable mentiras, debemos dirigir nuestros pensamientos inmediatamente a las instrucciones y promesas que Dios nos ha dado personalmente a través de Su Palabra: aquellos que han saltado de la página hacia nosotras, los que se pronunciaron en un servicio religioso y sabemos que eran solo para nosotras, los que hemos guardado con seguridad en nuestros corazones. La Palabra de Dios tiene poder en nuestras vidas: poder para salvarnos, cambiarnos, consolarnos, alentarnos, enseñarnos, amonestarnos, guiarnos y el poder para refutar las mentiras del enemigo. La Palabra de Dios es viva y eficaz.

Hebreos 4:12, "Sin duda, la palabra de Dios es viva, eficaz y más cortante que cualquier espada de dos filos. Penetra hasta lo más profundo del alma y del espíritu, hasta la médula de los huesos, y juzga los pensamientos y las intenciones del corazón".

21. ¿Tienes algún versículo favorito que te brinde consuelo, valor y fortaleza en las batallas diarias de la vida? Si es así, escríbelos aquí. Si no, busca en tu Biblia y pídele a Dios que te revele un tesoro de Su Palabra directamente a tu corazón. También puedes repasar este estudio y reunir los versículos que más hablaron a tu corazón y compilarlos en una página o en un diario para tenerlos como referencia en el futuro.

2 Corintios 10:4-5, "Las armas con que luchamos no son del mundo, sino que tienen el poder divino para derribar fortalezas. ⁵Destruimos argumentos y toda altivez que se levanta contra el conocimiento de Dios, y llevamos cautivo todo pensamiento para que obedezca a Cristo".

La Armadura de Dios es simplemente tu identidad en Cristo. Mantente firme en quién es Dios y en quién eres tú: eres amada, eres perdonada y nueva, perteneces, importas, eres hermosa, tienes propósito, eres fuerte y eres realeza. Eres una hija del Rey; eres una hija de Dios.

Efesios 6:10, "Por último, fortalézcanse con el gran poder del Señor".

Su Fuerza es Nuestra

Cuando era una niña, mi abuela me enseñó esta poderosa verdad: como hija de Dios, tengo el privilegio de invocar el nombre y el poder de Jesús para defenderme, y también la autoridad para enfrentar a Satanás y sus engaños.

22. Por favor, lee los siguientes versículos y toma nota de los alientos que Dios ha dado:

- **2 Timoteo 1:7**

- **1 Juan 2:14**

- **1 Juan 4:4**

- **Apocalipsis 12:11**

Fortaleza en Nuestra Identidad

Efesios 3:16-19, "Le pido que, por medio del Espíritu y con el poder que procede de sus gloriosas riquezas, los fortalezca a ustedes en lo íntimo de su ser, ¹⁷ para que por fe Cristo habite en sus corazones. Y pido que, arraigados y cimentados en amor, ¹⁸ puedan comprender, junto con todos los creyentes, cuán ancho y largo, alto y profundo es el amor de Cristo".

Deja que el amor y el poder de Cristo llenen tu ser interior, refrescando las profundidades de tu alma. Una actitud derrotista siempre traerá derrota. Eres capaz de mostrar una fuerza inconmensurable al elegir ponerte el amor, la fe, la esperanza y la alegría. ¡Elige diariamente ser una vencedora con el poder y la fuerza de Jesús obrando en ti!

Salmo 73:26, "Podrán desfallecer mi cuerpo y mi corazón, pero Dios es la roca de mi corazón; él es mi herencia eterna".

Amor

El amor de Dios nos hace más que vencedoras, de maneras que ni siquiera podemos contar– Su amor salva, Su amor vive, Su amor guía y amonesta, Su amor refresca y consuela, Su amor protege, Su amor fortalece... Cada vez que nos sentimos débiles o impotentes, solo necesitamos reflexionar sobre el amor sacrificial que el Padre ha derramado sobre nosotras.

Romanos 8:37, "Sin embargo, en todo esto somos más que vencedores por medio de aquel que nos amó".

23. ¿De qué manera sientes que el amor de Dios te fortalece?

Fe

La fe es confiar en Dios, invitarlo a obrar. La fe es nuestra puerta al poder de Dios.

Mateo 17:20, "—Por la poca fe que tienen —respondió—. Les aseguro que si tuvieran fe tan pequeña como una semilla de mostaza, podrían decirle a esta montaña: "Trasládate de aquí para allá" y se trasladaría. Para ustedes nada sería imposible".

La Escritura nos dice que todas las cosas son posibles con Dios: con fe del tamaño más pequeño, incluso tan pequeña como una semilla de mostaza, podemos mover montañas. Los obstáculos aparentemente insuperables que se interponen en nuestro camino para vivir la vida abundante que Dios tiene para nosotras: los valles de la depresión y las cadenas del miedo que nos mantienen cautivas, pueden ser superados al rendirnos a Dios, confiar en Dios, caminar en obediencia a Dios e invitar al poder de Dios a obrar en nuestras vidas. Cuando dudes, vuelve a enfocarte en Dios.

24. ¿Qué montañas en tu vida necesitas mover? ¿Estás enfocada en Dios o en la situación que tienes delante? Recuerda quién es tu Dios y llénate de fe valiente.

Esperanza

Isaías 40:31, "pero los que confían en el SEÑOR renovarán sus fuerzas; levantarán el vuelo como las águilas, correrán y no se fatigarán, caminarán y no se cansarán".

La clave para no ser derrotadas es mantener nuestra mente y corazón enfocados en la esperanza. Nos han dado promesas de gran esperanza: somos salvadas, somos redimidas, tenemos al Espíritu Santo para guiarnos y consolarnos, tenemos la esperanza del cielo por toda la eternidad, tenemos a Jesús con nosotras en cada momento, tenemos la esperanza de saber que nuestras pruebas en la tierra son un pequeño punto en la línea de tiempo de la eternidad. La esperanza, querida amiga, es reconocer a Jesús en el momento y aferrarse a Él para obtener fuerza, mientras aún se mantiene la esperanza de que con Jesús siempre hay algo mejor en el horizonte. La esperanza restaura la vida. La esperanza es la tierna voz de Dios llamándonos hacia adelante.

25. Por favor, lee **Romanos 5:1-5 y Proverbios 13:12**. Toma nota de lo que tus pruebas logran en ti, y lo que aprendes acerca de la esperanza.

Gozo

Nehemías 8:10, "No estén tristes, pues el gozo del SEÑOR es su fortaleza".

No importa cómo me sienta en un día determinado, el gozo es el combustible que refresca mi alma. Puedo despertarme con dolores y aún así levantarme de la cama con una canción en mi corazón. De hecho, es un versículo— aunque algunos días tengo que elegir esta mentalidad de manera intencional. Elegir una mentalidad alegre, contar nuestras bendiciones y dar alabanza y agradecimiento al SEÑOR son formas de restaurar nuestro gozo. ¿Y de dónde viene la fuerza? Del GOZO.

26. Por favor, lee **Salmos 118:24** y reflexiona sobre el versículo viene a tu mente. ¿Cómo puedes empezar a elegir el gozo como fuente de tu propia fortaleza?

El Espíritu

No ganamos ninguna batalla por nuestra cuenta. Solo cuando el Espíritu de Dios y Su Verdad obran en nuestras vidas podemos convertirnos en más que vencedoras. Su Espíritu ordena las olas y el viento. Su Espíritu nos da vida a nuestros cuerpos cansados cuando sentimos que queremos rendirnos.

Zacarías 4:6, "No será por la fuerza ni por ningún poder, sino por mi Espíritu —dice el SEÑOR de los Ejércitos—."

27. ¿Necesitas el viento fresco del Espíritu de Dios para reavivarte ahora mismo? Si es así, pídele una llenura fresca de Su Espíritu.

Si sientes la inclinación de profundizar en tu comprensión del Espíritu, puedes leer los versículos adicionales de **Hechos 1:8 y Juan 14:26**. Espacio para apuntes:

Esfuérzate, Quédate Quieta

Nuestro SEÑOR Dios Todopoderoso nos todas las razones para confiar en Él. Él es poderoso y fuerte, amoroso y bueno. Él está plenamente consciente de todo lo que enfrentamos a diario y no solo está con nosotras, sino que lucha por nosotras. Solo necesitamos recordar que Él es nuestro Padre capaz y que somos Sus hijas amadas, luego detenernos en asombro y presenciar Su poder mientras obra en nuestras vidas. A veces se requiere gran esfuerzo para no tomar el control de todo. A veces Dios nos pide que simplemente esperemos en Él, confiemos en Él y observemos cómo obra. Él es poderoso para salvar incluso sin nuestro esfuerzo. Puede haber una fuerza increíble en nuestra quietud.

Éxodo 14:14, "Ustedes quédense quietos, que el SEÑOR presentará batalla por ustedes".

28. ¿Qué tan fácil es para ti entregar el control completo a Dios? ¿Confías en Él como tu Defensor? Explica.

Invitando al Poder de Dios a Través de la Oración

Cosas poderosas suceden cuando invitamos a Dios a la situación.

29. Por favor, lee los siguientes versículos para una visión del gran poder de Dios a favor de las que piden (oran) y creen. Toma nota de lo que estos versículos significan para ti:

- **Lucas 11:9-13**

- **Hechos 4:31**

- **Hechos 16:22-26**

¿Notaste que nuestras oraciones abren la puerta al corazón y poder del Señor? Oramos, Él nos empodera para testificar en Su nombre. Oramos, Él nos hace valientes. Oramos, Él nos llena de esperanza. Oramos, Él nos libera de las cadenas que nos mantienen cautivas y nos libera de todo lo que nos aprisiona. Oramos, Él nos llena de paz y alegría. Su poder está disponible para nosotras. Solo necesitamos pedir.

Lucas 11:10, "Porque todo el que pide, recibe; el que busca, encuentra y al que llama, se le abre".

Princesa de las Olas

Un día de verano, mi tía y yo fuimos a la playa para una excursión. Había llevado mi tabla de bodyboard con la esperanza de atrapar algunas olas. Sé que este deporte a menudo se reserva para los más jóvenes, pero tal vez encajo en esa categoría ya que me gusta considerarme joven de corazón. Mi tabla es de tonos rosado y púrpura y lleva el nombre de "Princesa de las Olas". Me senté en la orilla con mi tía por un rato, calentando mi cuerpo al sol brillante y agarrando valor para entrar en el agua fría que rodaba ante mí. Eventualmente, dejé la comodidad de mi silla y la seguridad de la arena, y con mi tabla bajo el brazo me dirigí a la orilla del agua. Primero, sumergí los dedos de los pies, luego me metí más profundo en el agua, hasta que finalmente las olas frías me salpicaron completamente. Solté un grito cuando el agua fría me sorprendió, dejándome sin aire por un breve segundo; sin embargo, enseguida, la temperatura se sintió perfecta, refrescante y celestial para un día tan caluroso.

Mientras estaba allí, mirando de frente las olas que se acercaban, una hermosa canción vino a mi mente: la letra hablaba de cómo el amor de Dios nos inspira a ser valientes, y de cómo Él nos llama a salir de la seguridad de la orilla y entrar en las a veces-tumultuosas olas de la vida, con la certeza de que Él está a nuestro lado. En ese momento, me sentí consolada al darme cuenta de que cualquiera que sea el llamado de Dios—cualquier oportunidad, situación, bendición o problema, relación o tarea—Él siempre está conmigo, está a mi lado y nunca me dejará. Eso me hace valiente, incluso dispuesta a enfrentar lo que parece fuera de lo posible. Con Dios como mi fortaleza, ninguna ola me sobrepasará. Él me da el valor para salir de mi silla cómoda y la fortaleza para ir más allá de la orilla y adentrarme en las olas turbulentas. Él me hace sentir como una Princesa de las Olas. Espero que mi ilustración te anime a salir valientemente a las olas de la vida mientras recuerdas que tú también eres una Princesa.

Hebreos 13:5-6, " porque Dios ha dicho: «Nunca los dejaré; jamás los abandonaré».[6] Así que podemos decir con toda confianza: «El Señor es quien me ayuda, no tengo miedo".

Dios está contigo. Su Espíritu habita en ti. Él es tu Ayudador. A través de Su poder eres fuerte, eres poderosa, eres una vencedora.

La Simple Verdad: ¡Eres Fuerte!

Una Oración Sencilla: Querido Dios Todopoderoso, mi fuerza está únicamente en Ti. Estoy profundamente agradecida por Tu amor y poder que están obrando en mi vida. Eres todo poderoso para salvar. Ayúdame a mantener mi enfoque en Ti. Amén.

CAPÍTULO OCHO

Eres Realeza

¿Alguna vez has estado de paseo y te has encontrado con una princesa en tu camino? ¿Te ha pasado estar en el mercado, bajas la mirada y ves a una parada en la fila frente a ti? ¿Alguna vez has visto a una corriendo, trepando y saltando en el parque del vecindario con su hermoso vestido? Muchas veces me he cruzado con una niña vestida con su traje de princesa, zapatos brillantes e incluso una tiara. En el transcurso de mi rutina diaria, me encontré con una niña que se sentía extraordinaria en su identidad como princesa.

Hay un deseo profundo en el corazón de cada mujer de ser una princesa. Incluso si prefieres usar pantalones en lugar de vestidos adornados, hay algo dentro de ti que anhela ser apreciada, de ser vista como preciosa y digna de ser anhelada. Hay muchas películas que desarrollan la historia de una joven doncella que anhela algo mejor, un hogar en el palacio real, una vida en un reino encantado y lejano, con la seguridad, la protección y el amor de su príncipe que la rodean continuamente. Estas historias resuenan en nuestros corazones. Aunque este tema se vea como pura fantasía, déjame asegurarte, es muy real. Jesús es nuestro Príncipe y nuestro Rey. Él tiene un hogar real para nosotras, que está en Su Reino Real, donde viviremos con Él por toda la eternidad. He recopilado numerosos versículos bíblicos para instruirnos y reafirmarnos en estas verdades. Entonces, comencemos con dos versículos que describen la posición real de Jesús.

Isaías 9:6, "Porque nos ha nacido un niño, se nos ha concedido un hijo; la soberanía reposará sobre sus hombros y se le darán estos nombres: Consejero Admirable, Dios Fuerte, Padre Eterno, Príncipe de Paz".

Apocalipsis 17:14, "Le harán la guerra al Cordero, pero el Cordero los vencerá, porque es Señor de señores y Rey de reyes. Los que están con él son sus llamados, sus escogidos y sus fieles".

Jesús, nuestro Príncipe, nuestro Rey, es perfecto en todos los sentidos. Él es santo, justo y recto; Él es amoroso, amable, misericordioso y compasivo. Él es soberano, sobre todo. Nada pasa desapercibido ante Él, nadie queda fuera de Su cuidado. Él es a quien hemos estado esperando.

El Reino de Dios

Un Rey perfecto indudablemente gobierna un Reino perfecto.

1. Te invito a leer los siguientes versículos que describen el Reino de Dios y anota los detalles que aprendes sobre Su Reino junto a cada versículo.

- **Salmo 145:13**

- **Romanos 14:17**

- **2 Timoteo 4:18**

- **Hebreos 1:8**

- **Hebreos 12:28-29**

- **2 Pedro 1:11**

El Reino de Dios se describe como un Reino eterno y celestial, con autoridad sobre cualquier otro reino de esta tierra; es un lugar de seguridad, gobernado con la justicia perfecta de Dios, lleno de una atmósfera de rectitud, paz y gozo. Y, estando familiarizada con los terremotos de California, me encanta la idea de vivir en un reino que nunca puede ser sacudido, sino que permanecerá firme para siempre. El Reino de Dios me parece perfecto.

Heredando el Reino

El Reino de Dios desafía muchas filosofías del mundo. Mientras que el mundo ve las características enumeradas en **Mateo 5:1-12** como debilidades negativas, para ser evitadas a toda costa, Dios las ve como fortalezas positivas y oportunidades para Su bendición. Jesús promete recompensa para todos los hijos de Dios. Te ánimo abrir tu Biblia y lee los hermosos versículos en **Mateo 5:1-12**.

2. Lee nuevamente los versículos enumerados a continuación. A medida que lo hagas, círcula la característica que Dios desea en cada una de nosotras y subraya la bendición correspondiente y la razón por la que podemos regocijarnos y alegrarnos. Al lado de cada uno, escribe tu breve interpretación de lo que significan.

Mateo 5:1-12, "Cuando vio a las multitudes, subió a la ladera de una montaña y se sentó. Sus discípulos se le acercaron, ² tomó él la palabra y comenzó a enseñarles diciendo:

³ «Dichosos los pobres en espíritu,
    porque el reino de los cielos les pertenece.

⁴ Dichosos los que sufren,
    porque serán consolados.

⁵ Dichosos los humildes,
    porque recibirán la tierra como herencia.

⁶ Dichosos los que tienen hambre y sed de justicia,
    porque serán saciados.

⁷ Dichosos los compasivos,
    porque serán tratados con compasión.

⁸ Dichosos los de corazón limpio,
    porque ellos verán a Dios.

⁹ Dichosos los que trabajan por la paz,
   porque serán llamados hijos de Dios.

¹⁰ Dichosos los perseguidos por causa de la justicia,
   porque el reino de los cielos les pertenece.

¹¹ »Dichosos serán ustedes cuando por mi causa la gente los insulte, los persiga y levante contra ustedes toda clase de calumnias. ¹² Alégrense y llénense de júbilo, porque les espera una gran recompensa en el cielo. Así también persiguieron a los profetas que los precedieron a ustedes'".

Echemos un vistazo más profundo a cada uno de los versículos, mientras los revisamos uno por uno y descubrimos su significado juntas.

"Dichosos los pobres en espíritu, porque el reino de los cielos les pertenece."

Nuestra entrada en el Reino de los Cielos se encuentra solo en Jesucristo. No se gana a través de nuestros propios esfuerzos o capacidades, ni por nuestros logros o méritos. Solo es posible cuando reconocemos nuestras propias deficiencias espirituales y vemos nuestra desesperada necesidad del Salvador, eso es lo que realmente significa ser "pobre en espíritu". Ser "pobre en espíritu" es la clave para desbloquear abundantes bendiciones y hacer que las puertas del Cielo se abran de par en par para nosotras. ¡Bienaventurado significa ser feliz y gozoso en Jesús!

3. Por favor, lee los siguientes versículos sobre un espíritu pobre y toma notas sobre cada uno.

- **Salmo 51:17**

- **Isaías 66:2**

4. ¿Cómo ha cambiado tu comprensión de ser "pobre en espíritu" debido a estos versículos?

"Dichosos los que sufren, porque serán consolados."

Cuando venimos a Cristo, nuestros pecados de repente se destacan en fuerte contraste con Su perfecta santidad, lo que nos lleva a lamentarnos por lo que vemos en nosotras mismas. Habiendo puesto nuestra fe en Jesús para nuestra salvación y nuestra entrada en el Reino, nos damos cuenta de nuestra naturaleza pecaminosa. La fealdad de nuestro pecado trae dolor, lo que nos lleva al arrepentimiento, lo que a su vez nos lleva a la gracia, misericordia y perdón consolador de nuestro amoroso Padre.

5. Por favor, lee los siguientes versículos que hablan de lamentar, arrepentirse y consolar. Toma notas sobre cada uno.

- **Isaías 49:13**

- **2 Corintios 7:10**

- **Santiago 4:8-10**

6. Describe cómo lamentar tu pecado es una oportunidad para que Dios te consuele.

"Dichosos los humildes, porque recibirán la tierra como herencia".

No confundas la mansedumbre con la debilidad. Cuando Jesús caminó por esta tierra, ejemplificó perfectamente la mansedumbre para nosotras. Él es poderoso y fuerte, sin embargo, es descrito como gentil y humilde. Exhibió esta mezcla equilibrada de atributos al entregarse al plan del Padre, sacrificando Su vida por la nuestra. Entonces, con Jesús como nuestro ejemplo, ¿cómo se ve la mansedumbre en nuestras propias vidas? Simplemente significa que también nos entregamos humildemente al plan del Padre buscando Su voluntad y Sus caminos para nuestras vidas. Podemos rendirnos con confianza porque sabemos quién es Dios y quiénes somos en Él. Ser hijas de Dios significa que somos humildes en nosotras mismas, mientras que somos seguras en Dios y en nuestra identidad dada por Su gracia como Sus hijas. Heredaremos la tierra.

7. Busca los siguientes versículos para obtener más información sobre la mansedumbre. Registra tus observaciones al lado de cada uno.

- **Salmo 25:9**

- **Filipenses 2:5-11**

- **Santiago 4:10**

8. ¿Cómo se ve esta mezcla perfecta de humildad y confianza en tu vida?

"Dichosos los que tienen hambre y sed de justicia, porque serán saciados."

Jesús es el único Justo, el único verdaderamente aprobado ante los ojos de Dios, que ha caminado por esta tierra. La Escritura dice que nuestra justicia es como trapos sucios ante el SEÑOR (Isaías 64:6). Nunca podríamos limpiarnos lo suficiente para ser consideradas justas a los ojos de Dios. Afortunadamente, debido al sacrificio de Jesús y nuestra fe en Él, Dios nos ve a través de la justicia de Jesús. Ahora que Dios nos ve de esta manera, el deseo de nuestro corazón es buscar activamente la justicia, lo que es aceptable para Dios, en nuestra vida diaria. Anhelamos ser cada vez más como nuestro Salvador. Anhelamos agradar a Dios y vivir una vida que lo represente bien. Anhelamos que Su justicia reine en nuestra mente, corazón y cuerpo. Él es fiel para saciarnos.

9. Revisa los siguientes versículos sobre la justicia y anota lo que aprendes.

- **Romanos 6:18-23**

- **Filipenses 3:7-11**

10. ¿Es el deseo de tu corazón ser más como Jesús? Sigue buscándolo; Él llenará ese deseo.

"Dichosos los compasivos, porque serán tratados con compasión."

Hemos llegado a lo que puede ser la más difícil de las Bienaventuranzas a la que debemos rendirnos. Los versículos anteriores se refieren a la relación entre nosotras y Dios, mientras que este se centra en la relación entre nosotras y los demás. Ser misericordioso puede ser difícil a veces, pero cuando lo seguimos por obediencia, las bendiciones de Dios seguramente seguirán. Un corazón lleno de misericordia está libre de amargura.

11. Por favor, lee los siguientes versículos para obtener más información sobre la misericordia.

- **Lucas 6:35-36**

- **Mateo 5:43-48**

12. Reconocer la misericordia inmerecida que Dios nos ha dado debería ser mucho más fácil para nosotras extenderla a quienes no lo merecen. A medida que extendemos el perdón a los demás, estamos expresando nuestra gratitud y aprecio por la compasión que Dios nos ha mostrado generosamente. ¿La misericordia de Dios ha transformado tu corazón haciéndote un más capaz de ofrecer gracia y misericordia a los demás?

"Dichosos los de corazón limpio, porque ellos verán a Dios."

Ver verdaderamente a Dios significa percibir, discernir, ser consciente de Él y experimentarlo plenamente con nuestro corazón y mente. Para verlo verdaderamente, nuestros corazones deben estar libres de todos los contaminantes; tienen que estar puros. Nuestra búsqueda, nuestro anhelo, nuestra vida, nuestro servicio deben nacer de un motivo puro de conocer más a Dios. Un corazón puro ha sido perfectamente limpiado y se mantiene continuamente limpio de impurezas potenciales. En un corazón puro, todo pasa por el filtro del amor de Dios: todo lo que entra en nuestros corazones y todo lo que sale. Mucho de lo que entra puede oscurecer nuestra visión de Dios: cosas como amargura, odio, ira, miedo, preocupación, ansiedad, orgullo, etc. Sin embargo, cuando permitimos que Su amor limpie y filtre tales basuras y ponemos nuestro corazón completamente en Él, es entonces cuando lo veremos claramente.

13. Lee los siguientes versículos para obtener más información sobre un corazón puro.

- **Salmo 15:1-5**

- **Salmo 24:3-6**

- **Salmo 51:10**

14. ¿Qué necesitas filtrar de tu corazón para ver más claramente a Dios? ¿Qué puedes hacer para asegurarte de que tu visión de Dios sea clara?

"Dichosos los que trabajan por la paz, porque serán llamados hijos de Dios".

Dios, nuestro Padre, es el supremo Pacificador. Envió a Su Hijo para restaurar la paz entre Él y nosotros. Somos hijas de Dios y, por lo tanto, llevamos un parecido familiar. Y siguiendo los pasos de nuestro Padre, continuaremos con la herencia familiar de ser hacedores de paz. Como hijas de Dios, estamos destinadas a construir puentes, no muros. Ser portadores de paz en este mundo como representantes de Jesús significa que debemos renunciar a conseguir nuestro propio camino, y en cambio, buscar siempre el camino de Jesús en cada asunto.

15. Revisa los siguientes versículos para obtener más información sobre el acto de traer paz.

- **Salmo 34:14**

- **Romanos 12:17-21**

16. ¿Cuáles son algunas formas en las que puedes traer paz a los que te rodean?

"Dichosos los perseguidos por causa de la justicia, porque el reino de los cielos les pertenece. ¹¹» Dichosos serán ustedes cuando por mi causa la gente los insulte, los persiga y levante contra ustedes toda clase de calumnias. ¹² Alégrense y llénense de júbilo, porque les espera una gran recompensa en el cielo. Así también persiguieron a los profetas que los precedieron a ustedes".

Estos versículos están en directa oposición a nuestros sentimientos naturales. Normalmente, correremos en la otra dirección cuando enfrentamos persecución e insultos. Jesús nos dio estas palabras como aliento. Nos ha advertido que, así como Él enfrentó adversarios, como Sus seguidores, nosotras también lo haremos. No todos los que nos encontremos sentirán lo mismo que nosotras acerca de Jesús, y nos lo harán saber. Pero no tenemos que tener miedo o permitir que nos desanimen, porque tenemos una recompensa increíble y victoriosa esperándonos en el Cielo. Toda la persecución e insultos que podamos enfrentar aquí se desvanecerán de nuestra memoria cuando estemos en la gloria del Cielo. Así que, persevera durante tu tiempo aquí en la tierra, mientras te aferras a la promesa del Cielo.

17. Por favor, lee las siguientes versículos y registra lo que aprendes sobre la persecución que podemos enfrentar como seguidoras de Jesús.

- **Juan 15:18-21**

- **Filipenses 1:27-30**

18. ¿De qué manera la promesa del Cielo te equipa con confianza para enfrentar cualquier desafío?

1 Juan 3:1-3, "¡Fíjense qué gran amor nos ha dado el Padre, que se nos llame hijos de Dios! ¡Y lo somos! El mundo no nos conoce, precisamente, porque no lo conoció a él. ² Queridos hermanos, ahora somos hijos de Dios, pero todavía no se ha manifestado lo que habremos de ser. Sabemos, sin embargo, que cuando Cristo venga seremos semejantes a él, porque lo veremos tal como él es. ³ Todo el que tiene esta esperanza en Cristo se purifica a sí mismo, así como él es puro".

El Reino de Dios está compuesto por ciudadanos que aman al Señor con todo su corazón, alma y mente. Sus ciudadanos son aquellos que han reconocido su necesidad de un Salvador, son arrepentidos de su pecado, buscan vidas de justicia y paz, y están llenos de humildad. ¡Qué increíble bendición nos espera: compartir un Reino celestial con compañeros ciudadanos que comparten una mentalidad tan hermosa!

Heredera y Herencia

No solo eres una ciudadana en el Reino de los Cielos, sino que, como dice la Palabra de Dios, que también eres heredera, y el Reino es tu herencia. No solo tienes el privilegio de vivir allí, te pertenece. Como hija de Dios, tienes una parte en el Reino. La herencia eterna que recibirás de tu Padre celestial tiene un valor mucho mayor que cualquier herencia terrenal que pudieras recibir de tu familia en la tierra.

Romanos 8:17, "Y si somos hijos, somos herederos; herederos de Dios y coherederos con Cristo, pues si ahora sufrimos con él, también tendremos parte con él en su gloria".

19. Por favor, lee la siguiente colección de pasajes Bíblicos para una confirmación adicional de esta verdad. Toma nota de lo que aprendes sobre tu posición como heredera y de tu herencia.

    - **Gálatas 4:7**

    - **Salmo 37:18**

    - **Colosenses 1:12-14**

    - **1 Pedro 1:3-9**

Hogar Real

Hogar. ¡Qué palabra tan hermosa! Representa un lugar donde pertenecemos y somos importantes; un lugar donde el amor y la calidez abundan. Para mí, "hogar" trae recuerdos de la casa de mis abuelos. Su hogar siempre tendrá un lugar de gran importancia en mi corazón, no porque fuera grande o lujoso, sino por las dos personas que vivían allí y la manera incondicional en que me recibían. Mis abuelos eran dos de las personas más genuinas, amorosas y generosas que he conocido. Creciendo, pasaba la mayoría de los fines de semana en la casa de mis abuelos. Algunos de mis recuerdos más simples pero especiales se hicieron allí.

Mi abuela y yo hacíamos galletas con chispas de chocolate cada vez que me quedaba. Ella siempre se aseguraba de tener los ingredientes a mano; todavía conozco la receta de memoria. Mi abuela tenía un banco especial, de color verde azulado, en el que se sentaba por el mostrador de la cocina todo el tiempo. Tata, mi abuelo, se sentaba en el extremo de la mesa de la cocina. Bebían café instantáneo Folgers. Mis dibujos estaban pegados con cinta adhesiva en las paredes de la cocina. Ahí comía quesadillas, pizzas congeladas y los "TV cenas" de pollo congelados (era una niña de los años 70). Mi Tata sacaba barras de caramelo Abazaba de mis oídos y me arrastraba por el suelo en una manta. Mi abuela me frotaba Vick's VapoRub en el pecho cuando estaba enferma. Pasaba horas jugando con mis muñecas en el suelo de la sala. Mi abuela me enseñó a jugar al Solitario, y jugábamos Go Fish y Tiddly Winks juntas. Veía The Love Boat por la noche (no estoy segura de qué tan apropiado era), y caricaturas por la mañana cuando me despertaba. Aquí es donde aprendí a mirar al cielo y presenciar la obra de Dios mientras buscábamos juntos la Osa Mayor y la Osa Menor. Cuando era pequeña, mi abuela me mecía para dormir en su regazo mientras cantaba "Hush Little Baby", y la mecedora en la que estábamos crujía al ritmo mientras ella se mecía de un lado a otro. Preparaba una cama en la habitación trasera especialmente para mí, donde podía reposar mi cabeza para dormir por la noche. Los recuerdos son tan claros. Recuerdo los suelos de linóleo, el estampado del papel tapiz en la pared y el sonido único cuando se encendían y apagaban los interruptores de luz. Cada detalle que permanece en mi mente trae recuerdos de hogar. Mis abuelos pusieron mucho pensamiento y preparación en mis estancias nocturnas con ellos para asegurarse de que supiera que era bienvenida y me sintiera en casa.

20. ¿Hay algún lugar en particular que signifique "hogar" para ti?

Juan 14:1-4, "No se angustien. Confíen en Dios y confíen también en mí. ² En el hogar de mi Padre hay muchas viviendas. Si no fuera así, ¿les habría dicho yo a ustedes que voy a prepararles un lugar allí? ³ Y si me voy y se lo preparo, vendré para llevármelos conmigo. Así ustedes estarán donde yo esté. ⁴ Ustedes ya conocen el camino para ir adonde yo voy".

Según lo que Juan ha registrado que Jesús mismo dijo, no solo eres bienvenida en el Reino de Dios, sino que Jesús también tiene un lugar reservado con tu nombre. Así como mis abuelos prepararon un lugar para mí durante mis visitas, Jesús ha ido al Cielo para preparar un lugar específicamente para ti. En este nuevo hogar que Él ha preparado para ti, podrás estar con Él para siempre.

21. ¿Alguna vez has considerado que Jesús está preparando un lugar especial en la casa de su Padre solo para ti? ¿Qué consuelo te trae esto?

Cielo en la Tierra

Tu hogar terrenal puede no ser perfecto; todas nosotras que hemos pasado algún tiempo en esta tierra indudablemente hemos encontrado dolor, sufrimiento, pecado, lágrimas y duelo. Pero ten ánimo y conoce que todo esto pasará cuando Jesús traiga su Reino Celestial a la tierra. Este mundo nunca fue destinado a satisfacer completamente. Cuando Dios nos creó, puso el Cielo en nuestros corazones. Todo nuestro anhelo solo se satisfará cuando veamos a Jesús cara a cara.

Según las Escrituras, en el tiempo señalado, que solo nuestro Padre celestial conoce, Jesús regresará a la tierra para reunir a sus amados para estar con Él para siempre. Y en ese momento, Él también renovará la tierra, no solo a su belleza original y grandiosa desde la época en que Adán y Eva caminaban en el Jardín del Edén, sino a una belleza gloriosa y perfecta que supera cualquier cosa que hayamos visto anteriormente o que podamos comprender con nuestras mentes finitas. ¡Nuestro Señor y Salvador será el enfoque y el centro de todo!

Tenemos esperanza en nuestro futuro, y Jesús nos llama a perseverar con esa esperanza prometida en mente: Su esperanza no defrauda. Hay una gran recompensa para quienes lo aman y esperan su regreso. Él va a hacer nuevas todas las cosas; la tierra ya no estará manchada por el pecado y el sufrimiento. La tierra será renovada en una vista deslumbrante y gloriosa. La seguridad se encontrará dentro de los muros del Reino de Dios. Nunca más tendremos que cerrar con llave nuestras puertas porque no habrá violencia ni miedo. El amor, la paz y la alegría llenarán el aire. Las irritaciones y frustraciones de esta vida se desvanecerán a la luz de lo que realmente importa: estar con Jesús. Ten ánimo, esta esperanza celestial está en tu futuro.

No hay necesidad de que temamos el abandono con nuestro Señor. Si Él ha prometido regresar por nosotros, entonces ciertamente lo hará.

1 Tesalonicenses 4:16-18, "El Señor mismo descenderá del cielo con voz de mando, con voz de arcángel y con trompeta de Dios, y los muertos en Cristo resucitarán primero. ¹⁷ Luego los que estemos vivos, los que hayamos quedado, seremos arrebatados junto con ellos en las nubes para encontrarnos con el Señor en el aire. Y así estaremos con el Señor para siempre. ¹⁸ Por lo tanto, anímense unos a otros con estas palabras".

22. Por favor, lee los siguientes versículos para vislumbrar la gloria extraordinaria de tu futuro hogar. Anota tus pensamientos sobre cada uno.

- **Apocalipsis 21:1-27**

- **Apocalipsis 22:1-7**

- **Apocalipsis 22:12-14**

23. ¿Qué palabras y frases traen mayor consuelo a tu corazón?

24. ¿Qué descripciones de esta hermosa ciudad te llaman más la atención?

Reinar

En el Reino de Dios, como seguidores de Cristo, se nos dará libertad y honor supremo. Finalmente y perfectamente disfrutaremos de la libertad que Jesús vino a darnos a medida que la realización de nuestra bendita posición en Él llega a su plena fruición. Reinaremos con Jesús.

25. Por favor, lee los siguientes versículos para ver esta verdad por ti misma. Toma nota de las confirmaciones que encuentres.

- **2 Timoteo 2:11-13**

- **Apocalipsis 5:9-11**

Coronas

¿Qué es una princesa sin una corona o tiara? Dios te ha coronado con una corona imperecedera que adornará tu preciosa cabeza para siempre. La corona que nuestro Padre Celestial nos da perdurará por toda la eternidad. No se doblará ni romperá, no se manchará ni perderá una joya, no puede perderse ni ser robada. Su corona para ti es eterna.

Proverbios 10:6, "El justo se ve coronado de bendiciones, pero la boca del malvado encubre violencia".

26. Por favor, lee los siguientes versículos para aprender sobre la corona que Dios tiene guardada para ti. Registra lo que encuentres.

    - **Salmo 8:3-6**

    - **Salmo 103:1-5**

    - **Salmo 149:4**

    - **Isaías 35:10**

    - **1 Corintios 9:24-25**

    - **2 Timoteo 4:7-8**

    - **Santiago 1:12**

- **1 Pedro 5:4**

- **Apocalipsis 2:10**

- **Apocalipsis 3:11**

27. ¿Cuál descripción de las coronas te impacta más? ¿Por qué?

Apocalipsis 4:10-11, "Los veinticuatro ancianos se postraban ante él y adoraban al que vive por los siglos de los siglos. Y deponían sus coronas delante del trono exclamando: ¹¹ «Digno eres, Señor y Dios nuestro, de recibir la gloria, la honra y el poder, porque tú creaste todas las cosas; por tu voluntad existen y fueron creadas»._

Nuestros Cuerpos Glorificados

Cual quiera que sean las dolencias que estés enfrentando en este momento, que sepas que no durarán para siempre. Hay esperanza en el hecho de que el cuerpo que actualmente tienes será gloriosamente transformado cuando Jesús regrese. El cuerpo en el que vives ahora está destinado a una existencia temporal, alcanzando un máximo de alrededor de 100 años. Un Reino celestial y eterno requiere un cuerpo celestial que durará por toda la eternidad. Pienso en seres queridos que han tenido gran dolor, discapacidades y enfermedades durante su vida en la tierra, y me alegra saber que Dios los bendecirá con cuerpos nuevos—no solo restaurados, sino completamente nuevos—que se moverán con facilidad y libertad. Personalmente, anhelo un día sin dolor de espalda, sin alergias molestas, sin gafas para leer y sin plantillas ortopédicas en mis zapatos. También anhelo el día en que mi mente sea renovada, y el pecado y la tentación ya no sean una lucha. Hay una renovación perfecta en tu futuro y en el mío.

28. Lee los siguientes textos Bíblicos y toma nota de lo que cada una dice sobre la renovación celestial de ti.

- **Salmo 103:1-3**

- **1 Corintios 15:50-58**

29. ¿Qué aspecto de un nuevo cuerpo y mente celestiales esperas con mayor anhelo?

Mentalidad de Realeza

Diariamente, la vida mundana gira a nuestro alrededor. Aunque ahora somos parte del Reino de Dios, seguimos viviendo en la tierra hasta que Jesús nos llame a casa o hasta que Él regrese por nosotras. Mientras llevamos a cabo nuestras rutinas diarias, debemos mantener nuestros ojos firmemente enfocados en Aquel que está en última instancia a cargo, Aquel que nos ha dado una esperanza y un futuro, y la promesa de una vida eterna llena de bondad y excelencia. No permitas que la vida terrenal te abrume, sino supera enfocándote en Jesús. Nuestra perspectiva es diferente; vemos el mundo a través de la verdad de Jesús. Puede que no entendamos todo ahora, pero algún día Jesús lo hará todo claro dándonos un conocimiento completo de Él y Sus caminos.

30. Lee los siguientes versículos y toma nota del ánimo que encuentres.

- **2 Corintios 4:16-18**

- **1 Corintios 13:12**

31. ¿Cómo puede una mentalidad de realeza ayudarte a enfrentar los desafíos en tu vida diaria?

Servidoras de la Realeza

Al igual cómo con la mayoría de las cosas en el Reino de Dios, la idea de *quién es el mayor* se invierte en contraste con el mundo. Con Jesús como nuestro ejemplo supremo, siendo gobernante, sobre todo, teniendo todas las razones para ejercer Su posición sobre las demás, tomó la actitud de un siervo. Renunció a Su lugar de honor para servirnos. Jesús lavó los pies de Sus discípulos; Jesús murió en la cruz por nosotras. Como Sus seguidoras, nuestra actitud debe ser la misma. Como ciudadanas del Reino de Dios, no se supone que debamos estar en un lugar de crítica y juicio sobre las demás, estamos destinadas a estar en un lugar de servidumbre, amando a los demás en el Reino.

32. Lee más sobre la actitud de siervos en las siguientes Escrituras. Toma nota de lo que aprendas.

- **Marcos 10:42-45**

- **Lucas 22:24-30**

Embajadoras

Junto con los privilegios reales, se nos otorgan deberes reales. Como ciudadanas que han recibido seguridad eterna en el Reino de Dios, no solo podemos quedarnos sentadas con la cabeza en las nubes. Tenemos responsabilidades que atender. A través de Jesús, Dios nos ha reconciliado con Él. Ahora nos ha encomendado Su mensaje para compartir con otros que estén perdidos, solos, heridos, débiles y con temores. Tenemos el mayor honor de todos, representar a Jesús ante el mundo e invitar a otros a reconciliarse con Dios a través de Jesús y entrar en Su Reino también.

33. Lee más sobre ser embajadora del Reino de Dios en los siguientes versículos y registra lo que encuentres junto a cada uno.

- **2 Corintios 5:14-21**

- **Romanos 10:13-15**

La confianza que se encuentra en ser hija de Dios debería hacer que el gozo del SEÑOR burbujee y estalle desde dentro de nosotras, impactando el mundo a nuestro alrededor.

Apocalipsis 1:6, "Al que ha hecho de nosotros un reino, sacerdotes al servicio de Dios su Padre, ¡a él sea la gloria y el poder por los siglos de los siglos! Amén".

Como resultado de escribir este estudio, mi hogar está lleno de coronas. Las amigas me han bendecido abundantemente con regalos de coronas en varias formas, y estoy muy agradecida. El primer regalo que recibí fue un collar con las palabras "Hija del Rey" claramente escritas dentro de una burbuja de vidrio. Me han dado una gran corona antigua—que era la pieza central de un arreglo floral muy grandioso y hermoso—que ahora adorna la mesa de café al entrar a mi hogar. Me han bendecido con algunas bonitas imágenes de coronas. Sobre el mostrador de mi baño tengo dos hermosas cajas con coronas en la parte superior—una es de cerámica color marfil y la otra es una caja de sombrero de papel rosa y dorado. Una amiga me cosió una linda almohada y me hizo dos frascos, todos decorados con coronas y abejas. Otra querida amiga me regaló un bordado hecho a mano, con un patrón de una corona y las palabras Soy amada, elegida, bendecida, redimida, adoptada—Una Hija del REY. También he sido bendecida con dos artículos más brillantes que puedo usar durante el día como recordatorios de mi identidad: el primero es un collar de plata con un delicado colgante de corona colgando de la cadena (en la portada de este libro); el segundo es un anillo de plata en forma de corona que rodea mi dedo. Todos estos regalos de coronas que están esparcidos por mi hogar, sirven como recordatorios constantes de mi verdadera identidad real como Una Hija del Rey.

Si tiendes a olvidar tu identidad real, te animo a encontrar una corona o dos y mantenerlas en un lugar donde las veas todos los días. También puedes conseguirte una corona para ponerte todas las mañanas cuando te estés cepillando los dientes o preparándote para salir de casa—solo verte en el espejo con una corona en la cabeza debería recordarte quién eres para que puedas salir con confianza. No tiene que ser elegante—puede ser de una tienda de descuentos, o incluso puedes hacer una corona de papel con papel de construcción y cinta adhesiva, como la que podrías haber hecho cuando eras niña.

A veces, cada una de nosotras necesita un recordatorio de quiénes somos realmente—Una Hija del Rey. Refiérete a la Palabra de Dios y a los versículos especiales que han hablado a tu corazón a lo largo de este estudio con frecuencia para un nuevo impulso de confianza como Su hija. Recuerda, eres amada, eres perdonada, tú perteneces, tú importas, eres hermosa, tú tienes propósito, eres fuerte, y tú mi querida hermana en Cristo, ¡Eres de la más alta realeza!

La Simple Verdad: ¡Eres Realeza!

Una Oración Sencilla: Querido Padre Celestial, gracias por todas las bendiciones que continuamente derramas en mi vida como Tu amada hija. Ayúdame a recordar mi posición de realeza mientras llevo a cabo mi vida diaria y a ser consciente de todas las bendiciones que me has otorgado. Ayúdame a mantener mis ojos, mente y corazón puestos en Ti y en la esperanza eterna que das. Amén.

Es Hora de Volar

Una tarde mientras caminaba,

miré hacia arriba y vi una tremenda ave elevándose alto en el cielo,

y pensé que nosotras también podemos

elevarnos a alturas increíbles cuando dejamos de lado nuestros miedos e inseguridades,

y simplemente creemos en Dios.

La incredulidad es lo que nos mantiene atadas al suelo.

Jesús vino a liberarnos.

Isaías 40:31, "Pero los que confían en el SEÑOR renovarán sus fuerzas;

levantarán el vuelo como las águilas, correrán y no se fatigarán, caminarán y no se cansarán".

Pide a Jesús que te ayude a vivir plenamente en la libertad que te ha dado.

Pídele que te llene con Su Espíritu hasta desbordar.

Pídele que te revele la inmensidad de Su amor.

Pídele que te dé ojos para ver la esperanza de tu futuro.

Pide a Jesús que mueva tu conocimiento de Él de tu cabeza a tu corazón.

Pídele que transforme tu vida.

Pídele que te ayude a conocerlo más íntimamente.

Él es capaz de hacer mucho más de lo que pides o incluso imaginas. (Efesios 3:20)

Eres amada. Eres perdonada y renovada. Tú perteneces. Tú importas.

Eres bella. Tienes propósito. Eres fuerte.

¡Tú eres realeza en el Reino de Dios!

Guía para Líderes

Videos resumen cortos se pueden encontrar en mi sitio **YouTube Channel:**
https://www.youtube.com/@beblessedandinspiredwithtracy/playlists (Los subtítulos en Español están disponibles.)

Introducción (inicio del estudio)

1. Toma un café, ponte cómoda, abre en oración y conózcanse. (Estas son tus hermanas en Cristo y compañeras en este viaje).
2. Recuerda a todos que este es un lugar seguro para compartir corazones y solicitudes de oración. Todo debe mantenerse confidencial dentro del grupo. Trata de mantenerte en el tema para que todos tengan tiempo de compartir.
3. Que todos se presenten y compartan brevemente un poco de información: nombre, comida favorita (la mía es las papas fritas con salsa, taco de pollo, arroz y frijoles), pasatiempo o cualquier otra información que deseen compartir.
4. ¿Qué te atrajo a este estudio y qué esperas obtener de él?
5. Ver el video corto de la introducción.

Lección Uno—Eres Amada

1. Abre en oración. Luego comparte tus impresiones generales sobre la lección enfocándote en los aprendizajes clave y lo que te ha animado.
2. Hablen sobre el encuentro de Jesús con la mujer en el pozo.
3. De las páginas 7-8, discute las preguntas 2a, b, c, y d.
4. Que alguien lea el Salmo 63:1-8 en voz alta (Página 8).
5. Discute los versículos de la pregunta 13 en la página 12.
6. Ve a la página 14 y comparte tus respuestas relacionadas con las preguntas 17a, b, c, y d.
7. Mira el video de la Lección Uno y luego cierra leyendo la Oración Sencilla en la página 16.

Lección Dos—Eres Perdonada y Renovada

1. Abre en oración. Luego comparte tus impresiones generales sobre la lección enfocándote en los aprendizajes clave y lo que te ha animado.
2. Para empezar, que alguien lea Romanos 8:1 en voz alta.
3. Lee el Salmo 103:1-12 en voz alta y discute hablen sobre todos los beneficios que descubriste: pregunta 6, página 23.
4. Sobre la interacción de Jesús con la mujer, discute las preguntas 7d, e, f, y g (páginas 23-24).

5. Lee Efesios 4:22-24 en voz alta y comparte tus pensamientos sobre las preguntas 8, 9, 10, y 11 (página 25).
6. ¿Cómo te anima la historia de segunda oportunidad de Pedro?
7. Mira el video resumen de la Lección Dos y luego cierra leyendo la Oración Sencilla en la página 32.

Lección Tres—Tú Perteneces

1. Abre en oración. Luego comparte tus impresiones generales sobre la lección enfocándote en los aprendizajes clave y lo que te ha animado.
2. Discute las preguntas 2, 3, y 4 (página 35).
3. Lee Efesios 1:3-14 en voz alta y discute las preguntas 7 y 8 (páginas 37-38).
4. Ve a la página 42 y discute los versículos de la pregunta 18 (página 42).
5. Discute las preguntas 21 y 22 (páginas 43-44).
6. Mira un video resumen corto de la Lección Tres, luego cierra leyendo la Oración Sencilla (Página 47).

Lección Cuatro—Tú Importas

1. Abre en oración. Luego comparte tus impresiones generales sobre la lección enfocándote en los aprendizajes clave y lo que te ha animado.
2. Lee Mateo 10:29-31 en voz alta.
3. Discute tus observaciones sobre la historia de Agar. Mira las preguntas 2 h e i (página 50).
4. Profundiza en las preguntas 3 f, g, y h (página 51).
5. Observa los versículos de la pregunta 4, página 52. ¿Qué seguridad obtienes?
6. Reflexiona sobre la pregunta 11, página 59.
7. Mira un video resumen corto de la Lección Cuatro, luego cierra leyendo la Oración Sencilla (página 60).

Lección Cinco—Tú Eres Hermosa

1. Abre en oración. Luego comparte tus impresiones generales sobre la lección enfocándote en los aprendizajes clave y lo que te ha animado.
2. Lee el Salmo 139:13-16 en voz alta y responde la pregunta 4 g (página 64).
3. Conversa sobre la pregunta 6. (Sin juicios aquí). Discute también la pregunta 7 (página 65).
4. Discute las preguntas 9, 10, y 11 (página 67).
5. Lee y revisa los versículos de la pregunta 12 y comparte las respuestas a la pregunta 13 (página 68).
6. Sé valiente y tómate un momento para presumir de la buena creación de Dios: TÚ. Comparte tus respuestas a la pregunta 15. ¡No seas tímida!

7. Mira un video resumen corto de la Lección Cinco, luego cierra leyendo la Oración Sencilla (página 71).

Lección Seis—Tú Tienes Propósito

1. Abre en oración. Luego comparte tus impresiones generales sobre la lección enfocándote en los aprendizajes clave y lo que te ha animado.
2. Lee Proverbios 20:5 en voz alta y comparte las respuestas a las preguntas 1 y 2 (página 72).
3. Si te sientes cómoda, comparte tus respuestas a las preguntas 7, 8, 9, 10, 11, y 12.
4. Lee 1 Corintios 12:4-6 y responde la pregunta 16 (página 80).
5. Que alguien lea Colosenses 3:17 en voz alta (de la pregunta 22, página 84).
6. Mira un video resumen corto de la Lección Seis, luego cierra leyendo la Oración Sencilla (página 85).

Lección Siete—Eres Fuerte

1. Abre en oración. Luego comparte tus impresiones generales sobre la lección enfocándote en los aprendizajes clave y lo que te ha animado.
2. Que todos proclamen Filipenses 4:13 juntas.
3. De la página 89, lee Efesios 1:15-23 en voz alta y discute las preguntas 4 a, b, c, d, y e.
4. Lee 2 Pedro 1:3 juntos y comparte tus respuestas a las preguntas 5, 6, y 7 (páginas 90-91).
5. ¿Discute la Armadura de Dios? Página 94, preguntas 9 a, b, c, d, e, y f.
6. Revisa los versículos de la pregunta 22 y comparte la autoridad que te ha sido dada (páginas 98-99).
7. ¿Cómo ayudan el amor, la fe, la esperanza y la alegría a fortalecer tu espíritu y determinación?
8. Mira un video resumen corto de la Lección Siete, luego cierra leyendo la Oración Sencilla (página 103).

Lección Ocho—Eres Realeza

1. Abre en oración. Luego comparte tus impresiones generales sobre la lección enfocándote en los aprendizajes clave y lo que te ha animado.
2. Lee Apocalipsis 17:14 en voz alta y discute los versículos de la pregunta 1 (página 105).
3. ¿Cómo ha cambiado tu comprensión de las Bienaventuranzas?
4. Discute las siguientes secciones: El Cielo en la Tierra, Coronas, Nuestros Cuerpos Glorificados y Embajadoras.
5. Mira un video resumen corto de la Lección Ocho, luego cierra leyendo la Oración Sencilla (página 121).

Un Agradecimiento Especial

Gracias, Gina, por tu amistad y por tomarte tu tiempo para editar la traducción al Español de "A Daughter of the King" (Una Hija del Rey). Estoy muy agradecida por tu ayuda en hacer realidad este sueño. ¡Eres bella!

A mis compañeras peregrinas en el Club 31, por su constante ánimo y apoyo, por su dedicación a la Palabra de Dios y por sus valiosas contribuciónes a este estudio.

A las mujeres de Teen Challenge, sus vidas son un ejemplo resplandeciente de lo que significa sentarse a los pies de Jesús y vivir completamente enfocadas en el Señor.

Russell, Camden y Christian, estoy profundamente agradecida por su amor y apoyo a lo largo de este camino.

A Camden por tus diseños de portada y tu invaluable experiencia creativa.

A Christian por tu sabio consejo en la escritura.

Gracias, Melanie Prieger, por tus habilidades de edición y tu atención al detalle.

Un agradecimiento especial a la abuela y al abuelo Leavitt por enseñarme acerca de Jesús.

Y sobre todo, ofrezco mi gratitud al Señor por permitirme compartir este mensaje con ustedes.

Conociendo a la Autora

Primero y ante todo, soy una mujer que ama al Señor con todo su corazón. Estoy casada con un hombre maravilloso y soy madre de dos jóvenes (que solían ser pequeños niños). Soy hija, hermana, amiga, vecina. Tuve una querida perra durante 17 maravillosos años. Disfruto dar paseos al aire libre y me gusta las papas fritas con salsa. Estoy involucrada en el ministerio de mujeres en mi iglesia local. Disfruto liderar estudios bíblicos y hablar en diversos eventos de mujeres. Tengo pasión por ayudar a las mujeres a profundizar su relación con Jesús y descubrir su identidad como hijas de Dios a través del estudio de Su Palabra. Aunque tú y yo podemos tener gustos o roles diferentes, estoy segura de que muchas de mis historias de vida pueden resonar con lo que estás experimentando. Te agradezco sinceramente por acompañarme en esta trayectoria y espero que encuentres ánimo mientras caminamos juntas con el Señor.

Descubre mi blog inspirador, videos, estudios Bíblicos, devocionales, podcasts:

| Website | Videos | Podcast | Blog | Etsy |

Website: www.beblessedandinspired.com

Inspiración Adicional

Colossians: Set Your Heart on Things Above (Un estudio bíblico)— Experimentaremos un glorioso cambio en nuestra perspectiva al meditar sobre la supremacía de Cristo y nuestra plenitud en Él. Nuestras relaciones se verán grandemente beneficiadas. La paz, la esperanza y la alegría de Cristo nos ayudarán a superar y perseverar.

Come to the Father: Drawing Near to God Through Prayer and Scripture (Un devocional y diario de oración) — Toda buena relación requiere una comunicación abierta y constante, y nuestra relación con Dios no es diferente. Aprenderemos a orar diariamente con la Escritura como nuestra guía, acercándonos a Dios en espíritu y verdad. Mi esperanza es que crezcamos en confianza y comodidad al hablar con Dios de manera consistente.

Worship and Wonder: Faith-Filled Devotions— A lo largo de este devocional, meditaremos en la Palabra de Dios. Cada página está llena de inspiración destinada a recordarnos nuestras bendiciones, llenarnos de esperanza y hacer crecer nuestra fe.

Promise and Possibilities: Hope-Filled Devotions— Verás la promesa que la vida guarda y la posibilidad de todo lo que puede ser cuando pones tu esperanza en Jesús. Él es verdaderamente quien tiene la llave.

Confidence and Crowns: Devotions for a Daughter of the King— Los devocionales, historias y Escrituras que encontrarás están destinados a señalarte quién eres realmente a los ojos de Dios. Es hora de dejar de lado tus dudas e inseguridades y vivir una vida de confianza.

Lilies and Lemonade: Joy-Filled Devotions— Lirios y Limonada representan dos filosofías que tienen la clave para vivir de manera optimista. Una perspectiva llena de alegría está disponible para nosotros cuando miramos la vida con la mentalidad correcta llena de Jesús.

Matthew: Your Kingdom Come (Un estudio bíblico)— Al estudiar este maravilloso Evangelio, llegaremos a conocer mejor a Jesús y, como resultado, nos enamoraremos aún más profundamente de Él. Escucharemos Sus enseñanzas, seremos testigos de Sus milagros, veremos Su poder, sentiremos Su amor.

Endosos

En "Una Hija del Rey: Ganando confianza como hija de Dios", la autora Tracy Hill ofrece un enfoque profundo, claro y cautivador sobre la identidad de cada creyente en Cristo. Este estudio ayudará específicamente a las mujeres a descubrir su belleza, identidad y valor como hijas de su Padre Celestial. Ya sea utilizado para estudio individual o en grupo, "Una Hija del Rey" se destaca como un recurso bíblico y práctico que Dios utilizará para empoderar a las mujeres a vivir y amar como Jesús, con confianza, cada día más y más!

— Shawn Thornton, Pastor Principal, Calvary Community Church, Westlake Village, CA

Este estudio bíblico sería beneficioso para cualquier joven o mujer interesada en descubrir las riquezas y promesas que Dios tiene para ella en Su Reino. Tracy ha hecho un excelente trabajo en cada capítulo al mostrar de manera simple pero concisa cómo crecer en Cristo cada día, aplicando las verdades que ha reunido de las Escrituras. ¡Bien hecho!

—Rita Warren, Presidenta del Consejo de Communitas International
(anteriormente Christian Associates International)

Por más de 30 años he trabajado con mujeres que luchan con su identidad. Su libertad llega cuando conocen quiénes son en Cristo. Este libro es uno de los mejores estudios completos que he tenido el privilegio de leer.

—Rosie Weir, Directora de Tri-County Teen Challenge

"Una Hija del Rey" es un hermoso estudio que recuerda a las mujeres quiénes son y a quién pertenecen. Da vida a las Escrituras con historias vívidas, preguntas estimulantes y un llamado a profundizar. Si deseas saber cómo vivir en plenitud con Cristo, "Una Hija del Rey" es el estudio perfecto para ti.

—Amy Pendergraft, Directora de Ministerios de Mujeres y Familia

Tracy Hill ha escrito un estudio maravilloso que nos recuerda mantenernos firmes en el amor y la verdad de Dios, sabiendo quién nos ha creado para ser—"Una Hija del Rey" en medio de un mundo que nos dice lo contrario. Serás grandemente bendecida por este estudio.

—Christine Matsuura, Líder de Estudio Bíblico para Mujeres

¿Quién soy yo? ¿Tu alma tiene sed? "Una Hija del Rey" es un viaje sincero que busca satisfacer estas preguntas compartiendo con confianza las Escrituras sobre el amor, el perdón, la aceptación, el propósito y la fortaleza de Dios. Los pensamientos inspiradores y las historias de Tracy realzan las Escrituras al mostrar cuánto importas para Dios y lo hermosa que eres a sus ojos. ¡Saciará tu alma y sabrás que eres una hija del Rey!

—Tori Bellino

El estudio de Tracy Hill es una celebración del poderoso amor de Dios. Aborda directamente los sentimientos de inseguridad, duda y miedo que aquejan a tantas mujeres hoy en día. Basado firmemente en la Palabra de Dios, las verdades bíblicas de nuestra herencia espiritual como hijas se despliegan en cada capítulo, ayudándonos a comenzar a entender plenamente la esperanza, la confianza y el propósito que podemos abrazar cuando pertenecemos a Cristo. Como madre de una hija adulta, profesional que ha aconsejado a mujeres y adolescentes, y una mujer con mis propias luchas personales de inseguridad y duda, el estudio "Una Hija del Rey" es una enseñanza importante, completa y refrescante, beneficiosa para mujeres de cualquier edad.

—Judy Kerner

El estudio bíblico "Una Hija del Rey" fue verdaderamente una bendición para mí. El amor de Tracy por Jesús era evidente en cada detalle. Cada día, mientras hacía la tarea, sentía que estaba sentada con una amiga compartiendo mi corazón. La Palabra de Dios, junto con las historias y experiencias personales de Tracy, proporcionaron una claridad que me ayudó a crecer en mi conocimiento. Se relacionó con mi vida cotidiana de tal manera que el mensaje quedó sellado en mi corazón, y me sentí cómoda compartiendo con otros lo que había aprendido. No pierdas la oportunidad de sumergirte en este estudio. Te lo prometo, Dios se revelará de una manera que cambiará tu vida.

—Donna Severn

"Una Hija del Rey" me ha inspirado y me ha enseñado mucho sobre ser una mujer de Dios. Sé con certeza que soy amada, perdonada y especial, y que Dios tiene un plan y un propósito para mí aquí, por encima de todas las cosas terrenales. Este estudio me llevó a mis rodillas y me levantó nuevamente como una mujer confiada y amada por Dios. Gracias, Tracy, por el tiempo y el amor que has puesto en este estudio. Oro para que muchas otras personas sean tocadas por él como yo lo he sido.

—Susan Brewer

La Dra. Henrietta Mears escribió una vez: "Enseñas un poco con lo que dices. Enseñas más con lo que eres". Tracy Hill ciertamente vive esta gran verdad. "Una Hija del Rey" se centra en Cristo y en Su mensaje del Evangelio, y ayudará a todos los que lo lean a convertirse en discípulos genuinos que realmente vivan lo que predican al darse cuenta de su preciosa identidad.

—Beverley Carter

Si nunca has luchado con la inseguridad, anhelado ser amada y aceptada, o sentido que no puedes cumplir con las expectativas de Dios, este libro no es para ti. Pero si, como yo, alguna vez te encuentras lidiando con esas cosas, deja que las palabras de Tracy y las Escrituras subyacentes susurren palabras de verdad en tu alma. Realmente eres "Una Hija del Rey", ¡y este libro te ayudará a vivir tu posición real con confianza!

—Melanie Prieger

www.ingramcontent.com/pod-product-compliance
Lightning Source LLC
Chambersburg PA
CBHW050455110426
42743CB00017B/3365